Prefacio de la Primera Edición

Con gran entusiasmo y compromiso, presentamos la primera edición de este libro sobre el **Patriotismo Revolucionario Proletario (PRP)**. Este trabajo es el resultado de años de estudio, reflexión y práctica en la búsqueda de una sociedad más justa y equitativa, basada en los principios del marxismo-leninismo, el patriotismo progresista y la solidaridad internacional.

Orígenes y Motivaciones

La idea de este libro surgió de la necesidad de proporcionar una guía comprensiva y accesible para todos aquellos interesados en el PRP. Vivimos en tiempos de profundas desigualdades y crisis globales, donde el sistema capitalista muestra una y otra vez sus límites y contradicciones. En este contexto, surge la urgencia de encontrar alternativas viables y efectivas que puedan transformar nuestras sociedades hacia un modelo más justo y solidario.

El PRP no es simplemente una teoría abstracta, sino una praxis que se ha forjado en la lucha de los pueblos por su liberación. Inspirados por las experiencias históricas de las revoluciones del siglo XX y por las luchas contemporáneas, este libro busca ofrecer una herramienta teórica y práctica para todos aquellos que desean contribuir a la construcción del socialismo.

Estructura del Libro

Este libro está estructurado en capítulos que abordan los diversos aspectos del PRP, desde sus fundamentos teóricos hasta sus aplicaciones prácticas en la industria, el campo, la educación y otros ámbitos de la vida social. Cada capítulo ha sido elaborado con el objetivo de proporcionar una comprensión profunda y crítica de los temas tratados, ofreciendo tanto el análisis teórico como ejemplos prácticos y recomendaciones estratégicas.

Entre los capítulos se encuentran:

Fundamentos Teóricos del PRP: Una introducción a los principios del marxismo-leninismo, el patriotismo progresista y la dialéctica marxista.

Reivindicación de Líderes Revolucionarios: Un análisis de las contribuciones de figuras como Iósif Stalin, Mao Zedong y Josip Broz Tito.

Implementación del PRP en la Industria y el Campo: Estrategias y políticas para la transformación de estos sectores clave.

Educación y Conciencia Crítica: El papel de la educación en la formación de ciudadanos comprometidos con la justicia social.

Diversidad e Inclusión: La defensa de los derechos de las personas transexuales y la lucha contra la discriminación.

Agradecimientos

Queremos expresar nuestro agradecimiento a todas las personas y colectivos que han contribuido de alguna manera a la realización de este libro. Su apoyo, conocimiento y experiencia han sido fundamentales para dar forma a esta obra. Agradecemos especialmente a los movimientos sociales y revolucionarios que, con su lucha y dedicación, nos inspiran y nos muestran el camino hacia un futuro mejor.

Llamado a la Acción

Este libro no pretende ser una obra definitiva ni cerrada. Por el contrario, es un punto de partida para el debate, la reflexión y la acción. Invitamos a todos los lectores a involucrarse activamente en la construcción del PRP, aportando sus ideas, experiencias y críticas constructivas.

El camino hacia la emancipación y la justicia social es largo y desafiante, pero juntos, con determinación y solidaridad, podemos avanzar y construir un mundo mejor para todos.

Espero que este prefacio cumpla con tus expectativas y refleje adecuadamente los objetivos y el espíritu de la primera edición de este libro sobre el PRP. Si necesitas más ajustes o deseas incluir algo más específico, estaré encantado de ayudarte.

Introducción

El **Patriotismo Revolucionario Proletario (PRP)** surge como una respuesta a las diversas formas de opresión y explotación que prevalecen en nuestras sociedades contemporáneas. Fundado en los principios del marxismo-leninismo, el PRP busca reinterpretar y adaptar estas ideas a las condiciones específicas de cada nación, promoviendo una síntesis entre la lucha de clases y el patriotismo progresista.Contexto Histórico

Desde la Revolución Industrial, el capitalismo ha generado profundas desigualdades sociales y económicas, explotando a la clase trabajadora y sometiendo a las naciones a la dominación imperialista. En este contexto, diversos movimientos revolucionarios han surgido con el objetivo de transformar la sociedad y construir un nuevo orden basado en la justicia social y la igualdad.

El PRP se inspira en las lecciones y experiencias de estas luchas revolucionarias, reconociendo tanto sus éxitos como sus errores. Desde la Revolución de Octubre en 1917, pasando por la Revolución China de 1949, hasta las luchas de liberación nacional en África y América Latina, la historia del siglo XX está llena de ejemplos que demuestran la capacidad de las masas para transformar su realidad.

Principios Fundamentales

El PRP se basa en varios principios fundamentales que guían su teoría y práctica:

Marxismo-Leninismo: El PRP se fundamenta en los principios del marxismo-leninismo, que proporciona un análisis crítico del capitalismo y una estrategia para la construcción del socialismo. Este enfoque incluye el materialismo histórico y dialéctico, la lucha de clases y la dictadura del proletariado.

Patriotismo Progresista: El PRP integra el patriotismo progresista, que defiende la autodeterminación y la soberanía nacional, rechazando toda forma de intervención imperialista. Este patriotismo se combina con el internacionalismo proletario, promoviendo la solidaridad entre los trabajadores de todo el mundo.

Humanismo Revolucionario: El PRP incorpora un enfoque humanista que reconoce la dignidad y el potencial creativo de todas las personas, luchando por su emancipación total y su derecho a vivir libremente según su identidad y capacidades.

Objetivos del PRP

El PRP tiene como objetivo principal la construcción de una sociedad socialista, basada en los principios de la justicia social, la igualdad y la solidaridad. Para lograr esto, el PRP propone varias estrategias y políticas:

Socialización de los Medios de Producción: Nacionalización y socialización de las industrias clave para eliminar la explotación capitalista y garantizar la justicia social.

Autogestión y Participación Democrática: Promoción de la autogestión de los trabajadores y la participación democrática en todos los aspectos de la vida social, política y económica.

Desarrollo Sostenible: Implementación de políticas de desarrollo sostenible que equilibren el crecimiento económico con la protección del medio ambiente y el bienestar social.

Educación y Conciencia Crítica: Fomento de una educación inclusiva y crítica que forme ciudadanos conscientes y comprometidos con la lucha por la justicia social.

Reivindicaciones Históricas

El PRP reivindica las contribuciones de importantes figuras revolucionarias, reconociendo su legado en la lucha por la justicia social y la emancipación de los oprimidos:

Iósif Stalin: Por su papel en la industrialización de la Unión Soviética y la derrota del fascismo durante la Segunda Guerra Mundial.

Mao Zedong: Por su liderazgo en la Revolución China y su contribución al pensamiento marxista-leninista adaptado a las condiciones de los países en desarrollo.

Josip Broz Tito: Por su liderazgo en la resistencia antifascista en Yugoslavia y la implementación del socialismo autogestionario.

Innovaciones Teóricas y Prácticas

El PRP también se nutre de innovaciones teóricas y prácticas contemporáneas, incluyendo:

Eduard Limonov: Por su reinterpretación del marxismo-leninismo y la incorporación del patriotismo como una fuerza unificadora en la lucha contra la opresión imperialista.

Desafíos y Perspectivas

La implementación del PRP enfrenta diversos desafíos, desde la resistencia al cambio hasta las dificultades económicas y políticas. Sin embargo, el PRP ofrece una visión esperanzadora y una estrategia integral de resistencia y transformación social, basada en la unidad, la solidaridad y la lucha constante por la justicia y la igualdad.

Conclusión

Este libro tiene como objetivo presentar una visión detallada y coherente del Patriotismo Revolucionario Proletario, explorando sus fundamentos teóricos, sus estrategias de implementación y sus perspectivas para la construcción de una sociedad socialista. A través de un análisis crítico y una propuesta innovadora, el PRP se presenta como una alternativa viable y necesaria para enfrentar los retos y desafíos de nuestro tiempo.

Prólogo a la Segunda Edición

Desde la publicación de la primera edición de este manual, el mundo ha experimentado transformaciones profundas y desafíos imprevistos que nos han obligado a reflexionar y reafirmar los principios fundamentales del Patriotismo Revolucionario Proletario (PRP). Este prólogo a la segunda edición no solo celebra el continuo compromiso con la justicia social y la emancipación de los oprimidos, sino que también aborda las lecciones aprendidas y los nuevos horizontes que se vislumbran en nuestra lucha.

Reflexionando sobre el Pasado

La primera edición de este manual fue un hito en la consolidación de la ideología del PRP. En ella, se establecieron las bases teóricas y las estrategias prácticas para la construcción de una sociedad justa y equitativa. A lo largo de los años, hemos visto cómo estas ideas han sido puestas en práctica, enfrentando tanto victorias significativas como desafíos considerables. La industrialización bajo el control del pueblo, la colectivización agraria y la implementación de la autogestión han demostrado ser pilares sólidos en nuestra búsqueda por la equidad y la justicia.

Lecciones Aprendidas

En el transcurso de nuestra lucha, hemos aprendido que la resistencia al cambio es una constante que debemos enfrentar con educación, organización y movilización. La oposición de fuerzas reaccionarias, las dificultades económicas y la inestabilidad política han puesto a prueba nuestra determinación. Sin embargo, cada obstáculo ha servido como una oportunidad para fortalecer nuestra unidad y afinar nuestras estrategias.

Nuevos Horizontes

Hoy, más que nunca, el PRP se reafirma en su compromiso de luchar contra todas las formas de opresión, incluidas aquellas basadas en la identidad de género. Inspirados por el concepto del "cuerpo sin órganos" de Gilles Deleuze, promovemos la libertad de género y rechazamos las restricciones impuestas por las estructuras tradicionales. Nuestra visión de una sociedad justa y equitativa incluye el reconocimiento legal y social de todas las identidades de género y la lucha contra la discriminación.

Hacia el Futuro

Esta segunda edición del manual del PRP no solo actualiza y amplía nuestras estrategias, sino que también reafirma nuestra convicción de que la lucha por la justicia social es un proceso continuo que requiere adaptabilidad y perseverancia. Invitamos a todos los miembros del PRP y a nuestros aliados a leer esta nueva edición con un espíritu crítico y constructivo, y a unirse a nosotros en la construcción de un futuro mejor para todos.

En solidaridad y resistencia,

Jorge Alfredo Castro Portillo Coordinador General del PRP

Dedicatoria

Este libro está dedicado a todos aquellos que, a lo largo de la historia, han luchado incansablemente por la justicia social, la igualdad y la emancipación de los oprimidos. Su valentía, sacrificio y determinación nos inspiran a continuar en la lucha por un mundo mejor.

En especial, quiero dedicar esta obra a **Alfredo Castro Torres**, cuyo compromiso y pasión han sido fundamentales para la realización de este libro. Su incansable búsqueda de la verdad y la justicia, así como su dedicación a la causa revolucionaria, son un faro de esperanza y un ejemplo a seguir para todos nosotros.

A ti, Alfredo, por tu inquebrantable espíritu revolucionario y tu incansable trabajo en la defensa de los derechos de los oprimidos, este libro es un testimonio de tu legado y una promesa de que seguiremos adelante con la lucha que tú tanto has promovido.

Jorge Alfredo Castron Portillo

Capítulo 1: Fundamentos del Marxismo-Leninismo

El **marxismo-leninismo** es una ideología política y económica que combina las teorías de Karl Marx y Friedrich Engels con las contribuciones y adaptaciones realizadas por Vladimir Lenin. Este conjunto de ideas constituye una base teórica esencial para comprender la lucha de clases y la revolución socialista. En este capítulo, exploraremos los fundamentos del marxismo-leninismo, desde su origen hasta sus principios clave.1. Origen y Desarrollo del Marxismo

Karl Marx y Friedrich Engels son los fundadores del marxismo, una teoría que analiza la sociedad, la economía y la política desde la perspectiva de la lucha de clases. En sus obras más influyentes, como "El Manifiesto Comunista" y "El Capital", Marx y Engels argumentaron que la historia de todas las sociedades hasta el presente es la historia de las luchas de clases.

Lucha de Clases: La lucha entre diferentes clases sociales, especialmente entre la burguesía (la clase capitalista) y el proletariado (la clase trabajadora), es vista como el motor principal de la historia. La explotación del proletariado por parte de la burguesía crea una tensión constante que eventualmente llevará a la revolución socialista.

Cita: "La historia de todas las sociedades hasta el presente es la historia de las luchas de clases" (Marx y Engels, 1848).

Materialismo Histórico: Según Marx y Engels, el desarrollo de las fuerzas productivas (la tecnología y la organización del trabajo) y las relaciones de producción (las relaciones económicas y sociales) determinan la estructura y evolución de la sociedad. Este enfoque materialista de la historia se conoce como materialismo histórico.

Cita: "El modo de producción de la vida material condiciona el proceso de la vida social, política y espiritual en general" (Marx, 1859).

2. Aportaciones de Vladimir Lenin

Vladimir Lenin adaptó y amplió las ideas de Marx y Engels para aplicarlas a la realidad del siglo XX. Sus contribuciones son fundamentales para el desarrollo del marxismo-leninismo.

Teoría del Imperialismo: En su obra "El Imperialismo, fase superior del capitalismo", Lenin argumentó que el imperialismo es una etapa avanzada del capitalismo caracterizada por la concentración del capital y la expansión colonial. Según Lenin, el imperialismo agrava las contradicciones del capitalismo y acelera su caída.

Cita: "El imperialismo es el capitalismo en aquella fase de desarrollo en que la dominación de los monopolios y el capital financiero se ha consolidado" (Lenin, 1917).

La Revolución Proletaria y el Estado: En "El Estado y la Revolución", Lenin sostuvo que la clase trabajadora debe tomar el poder político mediante la revolución y establecer la dictadura del proletariado. Este nuevo estado, basado en la democracia directa y la participación de las masas, es necesario para destruir las estructuras capitalistas y construir el socialismo.

Cita: "El Estado es producto y manifestación del carácter irreconciliable de las contradicciones de clase" (Lenin, 1917).

Partido de Vanguardia: Lenin propuso la creación de un partido de vanguardia, compuesto por revolucionarios profesionales, que liderara la lucha de clases y guiara al proletariado hacia la revolución. Este partido sería disciplinado y centralizado, capaz de organizar y dirigir las acciones revolucionarias.

Cita: "Sin un partido revolucionario, no puede haber revolución" (Lenin, 1902).

3. Principios Clave del Marxismo-Leninismo

El marxismo-leninismo se basa en varios principios fundamentales que guían la teoría y la práctica revolucionaria.

Lucha de Clases como Motor de la Historia: La lucha de clases sigue siendo el elemento central de la teoría marxista-leninista. La explotación del proletariado por la burguesía es vista como la principal contradicción que impulsa el cambio social.

Cita: "La historia de todas las sociedades hasta el presente es la historia de las luchas de clases" (Marx y Engels, 1848).

Dictadura del Proletariado: Tras la revolución, el proletariado debe establecer un estado socialista que elimine las estructuras capitalistas y promueva la igualdad y la justicia social. Este estado, conocido como la dictadura del proletariado, es temporal y tiene como objetivo la transición hacia una sociedad sin clases.

Cita: "La dictadura del proletariado... es el resultado de la lucha entre dos clases irreconciliablemente opuestas" (Lenin, 1917).

Internacionalismo Proletario: El marxismo-leninismo promueve la solidaridad internacional entre los trabajadores de todos los países. La revolución socialista no es un fenómeno aislado, sino parte de una lucha global contra el capitalismo y el imperialismo.

Cita: "Proletarios de todos los países, ¡uníos!" (Marx y Engels, 1848).

Partido de Vanguardia: Un partido revolucionario disciplinado y centralizado es esencial para liderar la lucha de clases y dirigir la revolución. Este partido debe estar compuesto por revolucionarios profesionales dedicados a la causa del socialismo.

Cita: "El partido comunista es el destacamento de vanguardia del proletariado" (Lenin, 1902).

4. Crítica y Evolución del Marxismo-Leninismo

El marxismo-leninismo ha sido objeto de críticas y debates a lo largo del tiempo. Algunas críticas se centran en la rigidez del partido de vanguardia, la aplicación de la dictadura del proletariado y las experiencias históricas del socialismo real. Sin embargo, estas críticas también han llevado a una evolución y adaptación de la teoría a nuevas realidades.

Desarrollos Posteriores: Teóricos como Antonio Gramsci, Mao Zedong y otros han contribuido a la evolución del marxismo-leninismo, adaptándolo a contextos específicos y proponiendo nuevas estrategias y tácticas para la lucha revolucionaria.

Cita: "La historia de todas las sociedades hasta nuestros días es la historia de las luchas de clases" (Gramsci, 1930).

Debate Contemporáneo: En la actualidad, el marxismo-leninismo sigue siendo una fuente de inspiración para movimientos revolucionarios en todo el mundo. Las experiencias históricas y las nuevas condiciones globales han llevado a un debate continuo sobre la aplicación y relevancia del marxismo-leninismo en el siglo XXI.

Capítulo 2: El Partido en la Teoría Revolucionaria

El **marxismo-leninismo** es una ideología política y económica que combina las teorías de Karl Marx y Friedrich Engels con las contribuciones y adaptaciones realizadas por Vladimir Lenin. Este conjunto de ideas constituye una base teórica esencial para comprender la lucha de clases y la revolución socialista. En este capítulo, exploraremos los fundamentos del marxismo-leninismo, desde su origen hasta sus principios clave.

1. Origen y Desarrollo del Marxismo

Karl Marx y Friedrich Engels son los fundadores del marxismo, una teoría que analiza la sociedad, la economía y la política desde la perspectiva de la lucha de clases. En sus obras más influyentes, como **"El Manifiesto Comunista"** y **"El Capital"**, Marx y Engels argumentaron que la historia de todas las sociedades hasta el presente es la historia de las luchas de clases.

Lucha de Clases: La lucha entre diferentes clases sociales, especialmente entre la burguesía (la clase capitalista) y el proletariado (la clase trabajadora), es vista como el motor principal de la historia. La explotación del proletariado por parte de la burguesía crea una tensión constante que eventualmente llevará a la revolución socialista.

Cita: "La historia de todas las sociedades hasta el presente es la historia de las luchas de clases" (Marx y Engels, 1848).

Materialismo Histórico: Según Marx y Engels, el desarrollo de las fuerzas productivas (la tecnología y la organización del trabajo) y las relaciones de producción (las relaciones económicas y sociales) determinan la estructura y evolución de la sociedad. Este enfoque materialista de la historia se conoce como materialismo histórico.

Cita: "El modo de producción de la vida material condiciona el proceso de la vida social, política y espiritual en general" (Marx, 1859).

2. Aportaciones de Vladimir Lenin

Vladimir Lenin adaptó y amplió las ideas de Marx y Engels para aplicarlas a la realidad del siglo XX. Sus contribuciones son fundamentales para el desarrollo del marxismo-leninismo.

Teoría del Imperialismo: En su obra **"El Imperialismo, fase superior del capitalismo"**, Lenin argumentó que el imperialismo es una etapa avanzada del capitalismo caracterizada por la concentración del capital y la expansión colonial. Según Lenin, el imperialismo agrava las contradicciones del capitalismo y acelera su caída.

Cita: "El imperialismo es el capitalismo en aquella fase de desarrollo en que la dominación de los monopolios y el capital financiero se ha consolidado" (Lenin, 1917).

La Revolución Proletaria y el Estado: En **"El Estado y la Revolución"**, Lenin sostuvo que la clase trabajadora debe tomar el poder político mediante la revolución y establecer la dictadura del proletariado. Este nuevo estado, basado en la democracia directa y la participación de las masas, es necesario para destruir las estructuras capitalistas y construir el socialismo.

Cita: "El Estado es producto y manifestación del carácter irreconciliable de las contradicciones de clase" (Lenin, 1917).

Partido de Vanguardia: Lenin propuso la creación de un partido de vanguardia, compuesto por revolucionarios profesionales, que liderara la lucha de clases y guiara al proletariado hacia la revolución. Este partido sería disciplinado y centralizado, capaz de organizar y dirigir las acciones revolucionarias.

Cita: "Sin un partido revolucionario, no puede haber revolución" (Lenin, 1902).

3. Principios Clave del Marxismo-Leninismo

El marxismo-leninismo se basa en varios principios fundamentales que guían la teoría y la práctica revolucionaria.

Lucha de Clases como Motor de la Historia: La lucha de clases sigue siendo el elemento central de la teoría marxista-leninista. La explotación del proletariado por la burguesía es vista como la principal contradicción que impulsa el cambio social.

Cita: "La historia de todas las sociedades hasta el presente es la historia de las luchas de clases" (Marx y Engels, 1848).

Dictadura del Proletariado: Tras la revolución, el proletariado debe establecer un estado socialista que elimine las estructuras capitalistas y promueva la igualdad y la justicia social. Este estado, conocido como la dictadura del proletariado, es temporal y tiene como objetivo la transición hacia una sociedad sin clases.

Cita: "La dictadura del proletariado... es el resultado de la lucha entre dos clases irreconciliablemente opuestas" (Lenin, 1917).

Internacionalismo Proletario: El marxismo-leninismo promueve la solidaridad internacional entre los trabajadores de todos los países. La revolución socialista no es un fenómeno aislado, sino parte de una lucha global contra el capitalismo y el imperialismo.

Cita: "Proletarios de todos los países, ¡uníos!" (Marx y Engels, 1848).

Partido de Vanguardia: Un partido revolucionario disciplinado y centralizado es esencial para liderar la lucha de clases y dirigir la revolución. Este partido debe estar compuesto por revolucionarios profesionales dedicados a la causa del socialismo.

Cita: "El partido comunista es el destacamento de vanguardia del proletariado" (Lenin, 1902).

4. Crítica y Evolución del Marxismo-Leninismo

El marxismo-leninismo ha sido objeto de críticas y debates a lo largo del tiempo. Algunas críticas se centran en la rigidez del partido de vanguardia, la aplicación de la dictadura del proletariado y las experiencias históricas del socialismo real. Sin embargo, estas críticas también han llevado a una evolución y adaptación de la teoría a nuevas realidades.

Desarrollos Posteriores: Teóricos como Antonio Gramsci, Mao Zedong y otros han contribuido a la evolución del marxismo-leninismo, adaptándolo a contextos específicos y proponiendo nuevas estrategias y tácticas para la lucha revolucionaria.

Cita: "La historia de todas las sociedades hasta nuestros días es la historia de las luchas de clases" (Gramsci, 1930).

Debate Contemporáneo: En la actualidad, el marxismo-leninismo sigue siendo una fuente de inspiración para movimientos revolucionarios en todo el mundo. Las experiencias históricas y las nuevas condiciones globales han llevado a un debate continuo sobre la aplicación y relevancia del marxismo-leninismo en el siglo XXI.

Marco Teórico

El **marco teórico** del marxismo-leninismo se sustenta en varios conceptos y postulados centrales que explican la dinámica de la historia, la economía y la política:

Materialismo Dialéctico: Una metodología filosófica que aborda el análisis de la realidad a partir de las contradicciones inherentes en los fenómenos sociales y naturales. Este enfoque enfatiza el cambio y el desarrollo a través de la lucha de opuestos.

Cita: "La dialéctica materialista es una concepción de la naturaleza y de la historia que niega toda inmutabilidad y afirma el carácter transitorio de todas las cosas" (Engels, 1878).

Materialismo Histórico: La interpretación de la historia humana basada en el desarrollo de las fuerzas productivas y las relaciones de producción, estableciendo que los cambios en la estructura económica de la sociedad conllevan transformaciones en la superestructura política y jurídica.

Cita: "La historia de todas las sociedades hasta hoy es la historia de la lucha de clases" (Marx y Engels, 1848).

Teoría de la Plusvalía: Un concepto económico central que explica cómo la explotación del trabajo asalariado por parte de los capitalistas genera plusvalía, que es apropiada por la burguesía como ganancia.

Cita: "La plusvalía es aquel valor que el obrero asalariado crea sobre el valor de su fuerza de trabajo, y que es apropiado por el capitalista" (Marx, 1867).

Dictadura del Proletariado: El concepto de que, tras la toma del poder, el proletariado debe instaurar un estado socialista para eliminar las estructuras capitalistas y avanzar hacia una sociedad sin clases.

Cita: "La dictadura del proletariado... es el resultado de la lucha entre dos clases irreconciliablemente opuestas" (Lenin, 1917).

Internacionalismo Proletario: La solidaridad y unión de los trabajadores de todos los países en la lucha contra el capitalismo global y el imperialismo, promoviendo la revolución socialista a nivel mundial.

Cita: "Proletarios de todos los países, ¡uníos!" (Marx y Engels, 1848).

Conclusión

El marxismo-leninismo ofrece una interpretación comprensiva de la dinámica social, económica y política, y proporciona un marco teórico robusto para la práctica revolucionaria. Aunque ha sido objeto de críticas y adaptaciones, sus principios fundamentales siguen inspirando a movimientos revolucionarios en todo el mundo. La lucha de clases, el materialismo histórico, la dictadura del proletariado y el internacionalismo proletario continúan siendo pilares centrales en la teoría y práctica del marxismo-leninismo.

Capitulo 3: Fundamentos del Patriotismo Revolucionario Proletario (PRP)

El **Patriotismo Revolucionario Proletario (PRP)** se presenta como una respuesta a la necesidad de combinar la lucha de clases y la revolución socialista con un enfoque patriótico que fortalezca la identidad nacional y la soberanía. En este capítulo, profundizaremos en la formación del PRP, analizando sus raíces teóricas, los principios que lo guían y las figuras clave que han influido en su desarrollo.

1. Raíces Teóricas del PRP

El PRP tiene sus raíces en el marxismo-leninismo, una ideología que ve la lucha de clases como el motor de la historia y promueve la revolución socialista para derrocar el capitalismo. Sin embargo, el PRP va más allá al integrar un sentido profundo de patriotismo, inspirado en la autodeterminación y la soberanía nacional.

Marxismo-Leninismo: Según Karl Marx y Friedrich Engels, la lucha de clases es la fuerza impulsora del cambio histórico. En "El Manifiesto Comunista", Marx y Engels declararon que:

Cita: "La historia de todas las sociedades hasta nuestros días es la historia de la lucha de clases" (Marx y Engels, 1848).

Lenin, por su parte, adaptó estas ideas al contexto del siglo XX, argumentando en "El Estado y la Revolución" que:

Cita: "El estado es un producto y una manifestación de las contradicciones irreconciliables de clase" (Lenin, 1917).

2. Patriotismo Proletario según Lenin

Vladimir Lenin veía la autodeterminación nacional como una herramienta esencial en la lucha contra el imperialismo. En su obra

"El derecho de las naciones a la autodeterminación" (1914), Lenin argumentó que la lucha por la autodeterminación era una parte integral de la lucha proletaria:

Cita: "El reconocimiento del derecho de las naciones a la autodeterminación significa el reconocimiento de su derecho a la separación nacional y a la formación de un Estado nacional independiente" (Lenin, 1914).

Lenin creía que el patriotismo proletario podía movilizar a las masas en la lucha contra la opresión y el imperialismo, siempre y cuando estuviera dirigido hacia la construcción del socialismo.

3. El Patriotismo Nacional-Bolchevique de Limonov

Eduard Limonov, con su enfoque del nacional-bolchevismo, ofreció una interpretación radical del patriotismo. Integró un fuerte sentido de identidad nacional con la lucha de clases, argumentando que el patriotismo era crucial para la cohesión social y la resistencia contra el imperialismo.

El Nacional-Bolchevismo: Limonov veía el patriotismo como una herramienta para fortalecer la resistencia interna y movilizar a las masas. En "El libro del agua", Limonov escribió:

Cita: "Sin un sentido claro de identidad y pertenencia, es imposible movilizar a las masas para una lucha prolongada" (Limonov, 2002).

Limonov sostuvo que la revolución debía tener un carácter nacional, combinando la lucha de clases con la defensa de la soberanía nacional.

4. Principios Fundamentales del PRP

El PRP se articula en torno a varios principios clave que guían su teoría y práctica:

Lucha de Clases y Revolución Socialista: Siguiendo las enseñanzas de Marx y Lenin, el PRP sostiene que la lucha de clases es el motor de la historia. La revolución socialista es necesaria para derrocar el capitalismo y establecer una sociedad basada en la igualdad y la justicia social.

Autodeterminación y Soberanía Nacional: Inspirado por Lenin y Limonov, el PRP enfatiza la importancia de la autodeterminación y la soberanía nacional. Esto implica apoyar los movimientos de liberación nacional y defender la soberanía de las naciones contra el imperialismo.

Patriotismo Progresista y Crítico: El PRP promueve un patriotismo que no es excluyente ni chovinista, sino que busca unir a las personas en la defensa de sus derechos y en la construcción de una sociedad más justa.

Internacionalismo Proletario: Aunque promueve el patriotismo, el PRP sostiene que la solidaridad internacional entre los trabajadores es esencial. El patriotismo debe ser una fuerza unificadora que complemente, y no contradiga, el internacionalismo proletario.

5. Estrategias de Movilización y Acción

El PRP emplea diversas estrategias para movilizar a las masas y avanzar en la lucha revolucionaria:

Movilización de las Masas: Utilizar el patriotismo progresista y la identidad nacional como herramientas para movilizar a las masas en la lucha contra el capitalismo y el imperialismo.

Educación y Conciencia de Clase: Promover la educación política y la conciencia de clase entre los trabajadores y las clases oprimidas, fomentando una comprensión crítica de las estructuras de poder y explotación.

Alianzas Estratégicas: Formar alianzas con otros movimientos revolucionarios y progresistas a nivel nacional e internacional para fortalecer la lucha común.

Acción Directa y Protesta: Utilizar la acción directa y la protesta para desafiar el poder capitalista y avanzar en la lucha revolucionaria.

Construcción de Poder Popular: Desarrollar instituciones democráticas y participativas que reflejen los intereses y necesidades de las comunidades.

6. Desafíos y Perspectivas del PRP

El PRP enfrenta varios desafíos en su implementación y desarrollo, incluyendo la coordinación entre el patriotismo y el internacionalismo proletario, la formación de alianzas estratégicas y la educación política. Sin embargo, también ofrece una visión prometedora para la lucha revolucionaria contemporánea.

En resumen, el Patriotismo Revolucionario Proletario (PRP) es una ideología integral que combina la lucha de clases con un enfoque renovado en el patriotismo progresista. Al integrar las ideas de Marx, Lenin y Limonov, el PRP busca ofrecer un marco teórico y práctico para enfrentar los desafíos contemporáneos y construir una sociedad más justa y equitativa.

Marco Teórico

El **marco teórico** del Patriotismo Revolucionario Proletario (PRP) se fundamenta en una combinación de principios del marxismo-leninismo y del nacional-bolchevismo, destacando los siguientes aspectos:

Materialismo Dialéctico: Esta metodología filosófica, clave en el marxismo, se utiliza para analizar las contradicciones inherentes en los fenómenos sociales y naturales. Se enfatiza el cambio y el desarrollo a través de la lucha de opuestos.

Cita: "La dialéctica materialista es una concepción de la naturaleza y de la historia que niega toda inmutabilidad y afirma el carácter transitorio de todas las cosas" (Engels, 1878).

Materialismo Histórico: La interpretación de la historia humana se basa en el desarrollo de las fuerzas productivas y las relaciones de producción, estableciendo que los cambios en la estructura económica de la sociedad llevan a transformaciones en la superestructura política y jurídica.

Cita: "El modo de producción de la vida material condiciona el proceso de la vida social, política y espiritual en general" (Marx, 1859).

Teoría de la Plusvalía: Un concepto económico central del marxismo que explica cómo la explotación del trabajo asalariado por parte de los capitalistas genera plusvalía, apropiada por la burguesía como ganancia.

Cita: "La plusvalía es aquel valor que el obrero asalariado crea sobre el valor de su fuerza de trabajo, y que es apropiado por el capitalista" (Marx, 1867).

Dictadura del Proletariado: El concepto establece que, tras la toma del poder, el proletariado debe instaurar un estado socialista para eliminar las estructuras capitalistas y avanzar hacia una sociedad sin clases.

Cita: "La dictadura del proletariado... es el resultado de la lucha entre dos clases irreconciliablemente opuestas" (Lenin, 1917).

Internacionalismo Proletario: La solidaridad y unión de los trabajadores de todos los países en la lucha contra el capitalismo global y el imperialismo, promoviendo la revolución socialista a nivel mundial.

Cita: "Proletarios de todos los países, ¡uníos!" (Marx y Engels, 1848).

Conclusión

El Patriotismo Revolucionario Proletario (PRP) ofrece una interpretación comprensiva de la dinámica social, económica y política, proporcionando un marco teórico robusto para la práctica revolucionaria. Aunque ha sido objeto de críticas y adaptaciones, sus principios fundamentales siguen inspirando movimientos revolucionarios en todo el mundo. La lucha de clases, el materialismo histórico, la dictadura del proletariado y el internacionalismo proletario continúan siendo pilares centrales en la teoría y práctica del PRP.

Capítulo 4: Estrategias y Tácticas del PRP

El **Patriotismo Revolucionario Proletario (PRP)** se distingue no solo por sus principios teóricos, sino también por su enfoque práctico para la movilización y acción revolucionaria. Este capítulo analiza las estrategias y tácticas que el PRP emplea para alcanzar sus objetivos de justicia social, igualdad y soberanía nacional, centrándose en el papel del partido en estas acciones. Incluiremos referencias a figuras marxistas clave como Che Guevara y otros revolucionarios.

1. Movilización de las Masas

Uno de los pilares fundamentales del PRP es la movilización efectiva de las masas. Esto implica aprovechar el partido progresista como una herramienta para unir a la población en la lucha contra la explotación capitalista y el imperialismo.

Partido Progresista: Utilizar el partido como una fuerza unificadora que refuerce la identidad nacional y la cohesión social. Este enfoque busca convertir la lealtad al partido en un catalizador para la acción revolucionaria.

Educación y Conciencia: Fomentar la educación política y la conciencia de clase para empoderar a los individuos y comunidades. La educación es vista como una herramienta clave para desarrollar una comprensión crítica de las estructuras de poder y explotación.

2. Alianzas Estratégicas

El PRP reconoce la importancia de las alianzas estratégicas tanto a nivel nacional como internacional para fortalecer la lucha revolucionaria. Estas alianzas son esenciales para construir un frente unido contra el capitalismo y el imperialismo.

Alianzas Nacionales: Colaborar con otros movimientos progresistas y revolucionarios dentro del país para crear una red de apoyo mutuo y acción coordinada.

Solidaridad Internacional: Fomentar la solidaridad internacional entre los trabajadores y los movimientos de liberación de todo el mundo. El PRP se compromete a apoyar las luchas anticoloniales y antiimperialistas globales.

3. Educación y Conciencia de Clase

La educación política es una estrategia central en el PRP. Promover la conciencia de clase entre los trabajadores y las clases oprimidas es fundamental para construir una base sólida para la acción revolucionaria.

Programas Educativos: Desarrollar programas educativos que aborden la historia del marxismo-leninismo, el análisis de clase y las tácticas de lucha revolucionaria.

Formación de Líderes: Identificar y formar líderes comunitarios que puedan guiar y motivar a las masas en la lucha por sus derechos y la justicia social.

4. Acción Directa y Protesta

La acción directa y la protesta son tácticas cruciales para desafiar el poder capitalista y avanzar en la lucha revolucionaria. Estas tácticas buscan interrumpir el funcionamiento normal del sistema capitalista y crear un espacio para el cambio social.

Manifestaciones y Huelgas: Organizar manifestaciones, huelgas y otras formas de protesta masiva para visibilizar las demandas de las clases trabajadoras y oprimidas.

Ocupaciones y Bloqueos: Utilizar tácticas de ocupación y bloqueo para interrumpir las operaciones de las empresas capitalistas y las instituciones estatales opresoras.

5. Defensa de los Derechos Sociales y Económicos

El PRP lucha por la protección y ampliación de los derechos sociales y económicos de todas las personas. Estos derechos son vistos como fundamentales para la justicia social y la igualdad.

Salud y Educación: Defender el derecho universal a la salud y la educación de calidad como pilares de una sociedad justa.

Trabajo Digno y Vivienda: Luchar por condiciones de trabajo dignas y acceso a una vivienda adecuada para todos. Estos derechos son esenciales para garantizar una vida digna y plena.

6. Comunicación y Propaganda

La comunicación efectiva y la propaganda son herramientas vitales para difundir los principios del PRP y movilizar a las masas. Utilizar medios de comunicación tradicionales y digitales para llegar a un público amplio es una estrategia clave.

Medios Alternativos: Crear y apoyar medios de comunicación alternativos que den voz a las luchas y demandas de las clases trabajadoras y oprimidas.

Redes Sociales: Utilizar las redes sociales como plataformas para difundir mensajes revolucionarios y organizar acciones colectivas.

7. Construcción de Poder Popular

El PRP busca construir poder popular a través de la organización de base y la creación de estructuras de poder alternativas. Esto implica desarrollar instituciones democráticas y participativas que reflejen los intereses y necesidades de las comunidades.

Asambleas Populares: Fomentar la creación de asambleas populares y consejos comunitarios como espacios de participación democrática y toma de decisiones colectivas.

Cooperativas y Empresas Sociales: Promover la creación de cooperativas y empresas sociales que operen bajo principios de propiedad colectiva y gestión democrática.

8. Referencias a Figuras Marxistas Clave

Che Guevara y otros revolucionarios marxistas han influido profundamente en las estrategias y tácticas del PRP. La vida y obra de Che Guevara, por ejemplo, ofrecen valiosas lecciones sobre la guerrilla, la movilización de las masas y la construcción del socialismo.

Che Guevara: En su libro **"La guerra de guerrillas"** (1960), Guevara detalla tácticas de insurgencia y enfatiza la importancia del apoyo popular:

Cita: "El guerrillero es, ante todo, un reformador social, que toma las armas respondiendo al grito de protesta del pueblo contra sus opresores" (Guevara, 1960).

Mao Zedong: Mao también desarrolló teorías sobre la guerra popular prolongada y la importancia de la movilización campesina. En sus obras, Mao argumenta que:

Cita: "El poder político nace del fusil" (Mao, 1938), subrayando la necesidad de una fuerza armada dirigida por el partido para la conquista del poder.

Antonio Gramsci: Gramsci, con su concepto de hegemonía, también proporciona un marco para entender cómo construir una cultura revolucionaria que pueda desafiar el dominio burgués. En sus **"Cuadernos de la cárcel"**, Gramsci escribe:

Cita: "La lucha por la hegemonía cultural debe ser una parte integral de la lucha por el poder político" (Gramsci, 1971).

En conclusión, las estrategias y tácticas del **Patriotismo Revolucionario Proletario (PRP)** están diseñadas para movilizar a las masas, construir alianzas estratégicas, educar y concienciar a la población, y organizar acciones directas que desafíen el poder capitalista. Estas estrategias, combinadas con una comunicación efectiva y la construcción de poder popular, constituyen una hoja de ruta para la transformación social y la construcción de una sociedad más justa y equitativa.

Capítulo 5: Crítica al Reformismo y la Socialdemocracia

El **Patriotismo Revolucionario Proletario (PRP)** se posiciona en contra del reformismo y la socialdemocracia debido a su percepción de que estas corrientes políticas no abordan las raíces profundas de la explotación capitalista y, en cambio, perpetúan el sistema existente. En este capítulo, se examinarán las críticas al reformismo y la socialdemocracia desde la perspectiva del PRP, así como la revisión de Eduard Limonov al marxismo-leninismo.

1. Fundamentos de la Crítica al Reformismo y la Socialdemocracia

El reformismo y la socialdemocracia buscan lograr mejoras sociales y económicas dentro del marco del capitalismo a través de reformas graduales. Sin embargo, el PRP sostiene que tales enfoques son insuficientes para eliminar las estructuras de explotación y opresión inherentes al sistema capitalista.

Karl Marx y la Revolución: Marx argumentaba que las reformas dentro del capitalismo no podían abolir las relaciones de explotación. En su obra "El Manifiesto Comunista", Marx y Engels sostienen que:

Cita: "Los comunistas no se rebajan a disimular sus opiniones e intenciones. Declaran abiertamente que sus fines sólo pueden ser alcanzados derrocando por la violencia todo orden social existente" (Marx y Engels, 1848).

Lenin y el Oportunismo: Lenin criticó duramente a los reformistas y oportunistas dentro del movimiento socialista. En su obra "¿Qué hacer?", Lenin advierte sobre los peligros del reformismo, argumentando que:

Cita: "El reformismo significa capitulación total y absoluta ante la ideología burguesa" (Lenin, 1902).

2. Limitaciones del Reformismo y la Socialdemocracia

El PRP sostiene que el reformismo y la socialdemocracia no pueden abordar las causas fundamentales de la explotación capitalista debido a varias limitaciones inherentes.

Mantener el Status Quo: Las reformas tienden a preservar las estructuras capitalistas básicas, lo que significa que las relaciones de explotación y opresión persisten. Las mejoras obtenidas a través de las reformas son, en última instancia, temporales y reversibles.

Cooptación por el Sistema: A menudo, los líderes y movimientos reformistas son cooptados por el sistema capitalista, lo que limita su capacidad para impulsar cambios significativos. Esto puede llevar a una complacencia que socava la lucha revolucionaria.

Desmovilización de las Masas: El enfoque en reformas graduales puede desmovilizar a las masas al hacerles creer que el cambio incremental es suficiente, desviando la atención de la necesidad de una transformación radical.

3. La Revisión de Eduard Limonov al Marxismo-Leninismo

Eduard Limonov revisó el marxismo-leninismo a través de la lente del nacional-bolchevismo, ofreciendo una crítica particular al reformismo y la socialdemocracia.

Patriotismo y Radicalismo: Limonov incorporó un fuerte sentido de patriotismo y radicalismo en su crítica al reformismo, argumentando que sólo un enfoque revolucionario podría desafiar efectivamente al capitalismo y al imperialismo.

Revolución Nacional: Limonov sostenía que la revolución debía tener un carácter nacional, combinando la lucha de clases con la defensa de la soberanía nacional. En su libro "El libro del agua", Limonov escribe:

Cita: "Las reformas son un compromiso con el poder existente. Sólo la revolución puede traer la verdadera libertad y justicia" (Limonov, 2002).

4. Estrategias del PRP para Superar el Reformismo

El PRP propone varias estrategias para superar las limitaciones del reformismo y la socialdemocracia, centrándose en la acción revolucionaria y la movilización de las masas.

Movilización Revolucionaria: En lugar de centrarse en reformas graduales, el PRP aboga por la movilización revolucionaria para derrocar el sistema capitalista. Esto implica organizar y educar a las masas para la acción directa y la protesta.

Construcción de Poder Popular: El PRP promueve la construcción de poder popular a través de la creación de instituciones democráticas y participativas que reflejen los intereses y necesidades de las comunidades.

Defensa de la Soberanía Nacional: Inspirado por Limonov, el PRP enfatiza la importancia de la soberanía nacional en la lucha revolucionaria. Esto incluye resistir las intervenciones extranjeras y construir un Estado socialista independiente.

5. Ejemplos Históricos y Contemporáneos

El PRP analiza ejemplos históricos y contemporáneos para ilustrar las limitaciones del reformismo y la necesidad de una estrategia revolucionaria.

La Comuna de París: Marx y Engels destacaron la Comuna de París como un ejemplo de cómo las reformas parciales no pueden sostener una transformación radical sin una base revolucionaria fuerte.

La Revolución Cubana: Che Guevara y Fidel Castro criticaron el reformismo y promovieron la revolución armada como la única vía para derrocar el imperialismo y establecer una sociedad socialista.

Movimientos Contemporáneos: El PRP estudia movimientos contemporáneos que buscan combinar la lucha de clases con la defensa de la soberanía nacional, como los movimientos bolivarianos en América Latina.

Marco Teórico

El **marco teórico** del PRP en su crítica al reformismo y la socialdemocracia se fundamenta en varias ideas centrales:

Materialismo Dialéctico: Este enfoque filosófico, central en el marxismo, se utiliza para entender las contradicciones inherentes al sistema capitalista y la necesidad de su superación a través de la revolución.

Cita: "La dialéctica materialista es una concepción de la naturaleza y de la historia que niega toda inmutabilidad y afirma el carácter transitorio de todas las cosas" (Engels, 1878).

Materialismo Histórico: Según Marx y Engels, las estructuras económicas determinan la superestructura política y social. El reformismo no puede cambiar la base económica del capitalismo, por lo tanto, no puede lograr una transformación verdadera.

Cita: "El modo de producción de la vida material condiciona el proceso de la vida social, política y espiritual en general" (Marx, 1859).

Teoría de la Revolución: La revolución es vista como el único medio efectivo para abolir las relaciones de explotación capitalista y establecer una sociedad socialista.

Cita: "Los comunistas apoyan por todas partes todo movimiento revolucionario contra el orden social y político existente" (Marx y Engels, 1848).

Conclusión

El **Patriotismo Revolucionario Proletario (PRP)** ofrece una crítica contundente al reformismo y la socialdemocracia, abogando por una revolución radical y la defensa de la soberanía nacional. Al integrar las ideas de Marx, Lenin y Limonov, el PRP proporciona un marco teórico y práctico para la lucha revolucionaria contemporánea.

Parte 6: Resistencia al Imperialismo y Soberanía Nacional

El **Patriotismo Revolucionario Proletario (PRP)** considera la resistencia al imperialismo y la defensa de la soberanía nacional como pilares fundamentales de su ideología y práctica. En esta sección, exploraremos en profundidad las bases teóricas de esta resistencia, respaldadas por citas de figuras clave del marxismo y otros revolucionarios, además de analizar estrategias históricas y contemporáneas.

1. Fundamentos Teóricos de la Resistencia al Imperialismo

La resistencia al imperialismo es una extensión natural de la lucha de clases en el contexto global. Según los principios del marxismo-leninismo, el imperialismo representa una fase avanzada del capitalismo en la cual los estados capitalistas buscan expandirse y dominar a otros países para mantener sus propios beneficios económicos y políticos.

Lenin sobre el Imperialismo: En su obra "El Imperialismo, fase superior del capitalismo" (1916), Lenin argumenta que el imperialismo es una etapa inevitable del desarrollo capitalista:

Cita: "El imperialismo es la fase superior del capitalismo, cuando este ha alcanzado el máximo desarrollo posible y se ve obligado a expandirse más allá de sus fronteras nacionales para sobrevivir" (Lenin, 1916).

2. Eduard Limonov y la Lucha contra el Imperialismo

Eduard Limonov, a través de su ideología nacional-bolchevique, también destacó la importancia de resistir el imperialismo como un medio para defender la soberanía nacional y fortalecer la identidad nacional.

Limonov sobre la Soberanía Nacional: En su obra "El libro del agua", Limonov enfatiza la importancia de la soberanía nacional en la lucha revolucionaria:

Cita: "La defensa de la soberanía nacional es una forma de resistencia contra el imperialismo y la dominación extranjera. Es a través de la afirmación de nuestra identidad nacional que podemos resistir y luchar contra la opresión" (Limonov, 2002).

3. Estrategias de Resistencia al Imperialismo

El PRP emplea diversas estrategias para resistir el imperialismo y defender la soberanía nacional, inspirándose en ejemplos históricos y contemporáneos de lucha antiimperialista.

Movilización de las Masas: Utilizar la conciencia nacional y el patriotismo como herramientas para movilizar a las masas en la lucha contra las intervenciones extranjeras y las políticas imperialistas.

Che Guevara y la Guerra de Guerrillas: En su obra "La guerra de guerrillas" (1960), Guevara expone tácticas de insurgencia y la importancia del apoyo popular en la lucha contra el imperialismo:

Cita: "La guerra de guerrillas es una forma de lucha revolucionaria que permite a las masas oprimidas resistir al opresor imperialista" (Guevara, 1960).

Formación de Alianzas Internacionales: Establecer alianzas con otros movimientos revolucionarios y antiimperialistas a nivel internacional para fortalecer la resistencia común.

Fidel Castro y la Solidaridad Internacional: Fidel Castro, durante la Revolución Cubana, subrayó la importancia de la solidaridad internacional en la lucha contra el imperialismo:

Cita: "Nuestra lucha no es solo por Cuba, sino por todos los pueblos oprimidos del mundo. La solidaridad internacional es esencial para nuestra victoria" (Castro, 1961).

Desarrollo de Estrategias Autónomas: Fomentar el desarrollo de políticas y estrategias que promuevan la autosuficiencia y la independencia económica y política.

Mao Zedong y la Autonomía del Pueblo: Mao Zedong, en su obra "Sobre la práctica" (1937), argumenta que la autosuficiencia es crucial para la resistencia:

Cita: "El pueblo debe desarrollar sus propias capacidades y recursos para resistir la opresión externa. Solo a través de la autosuficiencia podemos asegurar nuestra independencia" (Mao, 1937).

4. Ejemplos Históricos de Resistencia al Imperialismo

El PRP estudia y se inspira en ejemplos históricos de resistencia al imperialismo que han demostrado ser efectivos en la defensa de la soberanía nacional y la lucha por la justicia social.

La Revolución Vietnamita: La guerra de Vietnam es un ejemplo clave de cómo un movimiento de resistencia nacional puede desafiar y derrotar al imperialismo. Ho Chi Minh, líder de la revolución vietnamita, subrayó la importancia de la resistencia nacional:

Cita: "No hay nada más precioso que la independencia y la libertad" (Ho Chi Minh, 1945).

La Revolución Sandinista: En Nicaragua, la Revolución Sandinista dirigida por el Frente Sandinista de Liberación Nacional (FSLN) mostró cómo la resistencia armada y la movilización popular pueden derrocar a un régimen apoyado por el imperialismo.

Cita: "Nuestra lucha es por la liberación de nuestro pueblo y por la construcción de una sociedad justa e igualitaria" (FSLN, 1979).

5. Perspectivas Contemporáneas y Futuras

El PRP también se enfoca en las luchas contemporáneas contra el imperialismo y explora estrategias para el futuro.

Movimientos Bolivarianos en América Latina: Los movimientos bolivarianos, inspirados por las ideas de Simón Bolívar y Hugo Chávez, continúan la lucha contra el imperialismo en América Latina, promoviendo la integración regional y la soberanía nacional.

Cita: "Nuestra lucha no es solo por Venezuela, sino por toda América Latina y el Caribe. La unidad y la integración son esenciales para nuestra resistencia" (Chávez, 2005).

Resistencia en Medio Oriente: Los movimientos de resistencia en el Medio Oriente, como Hezbollah en Líbano y el movimiento Houthi en Yemen, también sirven como ejemplos de cómo las fuerzas locales pueden resistir la intervención imperialista.

Cita: "Nuestra resistencia es por la soberanía de nuestra nación y la defensa de nuestra dignidad" (Hezbollah, 2006).

En conclusión, la resistencia al imperialismo y la defensa de la soberanía nacional son componentes centrales del **Patriotismo Revolucionario Proletario (PRP)**. Al integrar las ideas de Marx, Lenin, Limonov y otros revolucionarios, el PRP proporciona un marco teórico y práctico para enfrentar los desafíos contemporáneos y construir una sociedad más justa y equitativa.

Parte 7: Casos de Estudio y Ejemplos Prácticos

El **Patriotismo Revolucionario Proletario (PRP)**, al combinar los principios del marxismo-leninismo con el patriotismo progresista, proporciona un marco teórico robusto para la lucha revolucionaria. En esta sección, exploraremos varios casos de estudio y ejemplos prácticos que ilustran cómo estos principios se han aplicado en contextos históricos y contemporáneos.

1. La Revolución Cubana

La Revolución Cubana es uno de los ejemplos más emblemáticos de cómo una lucha nacional y socialista puede converger para derrocar un régimen opresor y resistir el imperialismo.

Contexto Histórico: La Revolución Cubana, liderada por Fidel Castro y Che Guevara, fue una lucha armada que culminó con la derrota del dictador Fulgencio Batista en 1959. Esta revolución no solo buscó acabar con un régimen autoritario, sino también desafiar el dominio imperialista de Estados Unidos en América Latina.

Cita: "La historia me absolverá" (Castro, 1953) - Esta frase, parte del famoso discurso de defensa de Fidel Castro, encapsula el espíritu de resistencia y autodeterminación que impulsó la revolución.

Estrategias Utilizadas: La guerra de guerrillas, la movilización popular y la formación de alianzas internacionales fueron clave para el éxito de la Revolución Cubana. Guevara, en **"La guerra de guerrillas"** (1960), subraya la importancia de la lucha armada y la organización clandestina para enfrentar a un enemigo superior en términos de recursos.

Cita: "El guerrillero es, ante todo, un reformador social" (Guevara, 1960).

2. La Revolución Bolivariana en Venezuela

La Revolución Bolivariana en Venezuela, liderada por Hugo Chávez, representa un intento contemporáneo de combinar el socialismo con el patriotismo para resistir el imperialismo y promover la justicia social.

Contexto Histórico: Hugo Chávez llegó al poder en 1999, impulsando una agenda de reformas profundas bajo el lema de la Revolución Bolivariana. Chávez se inspiró en las ideas de Simón Bolívar, el líder independentista latinoamericano, y buscó integrar la soberanía nacional con la justicia social.

Cita: "Nuestra lucha es por la dignidad, la justicia y la paz" (Chávez, 2005).

Estrategias Utilizadas: La implementación de políticas de redistribución de la riqueza, la nacionalización de recursos estratégicos y la formación de alianzas internacionales con otros países antiimperialistas fueron componentes clave de la Revolución Bolivariana. Chávez también utilizó los medios de comunicación para movilizar a las masas y promover la conciencia política.

3. La Resistencia en Vietnam

La guerra de Vietnam es un ejemplo destacado de cómo una combinación de lucha armada y movilización popular puede derrotar al imperialismo.

Contexto Histórico: Liderada por Ho Chi Minh, la resistencia vietnamita contra la ocupación francesa y, posteriormente, contra la intervención estadounidense, fue una lucha prolongada por la independencia y el socialismo.

Cita: "No hay nada más precioso que la independencia y la libertad" (Ho Chi Minh, 1945).

Estrategias Utilizadas: La guerra de guerrillas, la movilización campesina y el establecimiento de una amplia red de apoyo internacional fueron esenciales para la victoria vietnamita. La resistencia vietnamita demostró la importancia de la organización y la tenacidad en la lucha contra un enemigo poderoso.

4. El Movimiento Sandinista en Nicaragua

El Frente Sandinista de Liberación Nacional (FSLN) en Nicaragua proporciona otro ejemplo de una lucha exitosa contra el imperialismo y la opresión interna.

Contexto Histórico: El FSLN, inspirado por el legado de Augusto César Sandino, lideró una insurrección que culminó con el derrocamiento de la dictadura de Somoza en 1979. Este movimiento combinó el nacionalismo revolucionario con los principios del socialismo.

Cita: "Nuestra lucha es por la liberación de nuestro pueblo y por la construcción de una sociedad justa e igualitaria" (FSLN, 1979).

Estrategias Utilizadas: La lucha armada, el apoyo popular y la creación de un gobierno de amplia base que incluyera a diversos sectores de la sociedad nicaragüense fueron clave para el éxito del FSLN. La Revolución Sandinista también se destacó por sus esfuerzos en alfabetización y salud pública.

5. La Resistencia Kurda en Medio Oriente

El movimiento de resistencia kurda, especialmente el Partido de los Trabajadores de Kurdistán (PKK), ofrece un ejemplo contemporáneo de cómo un grupo oprimido puede luchar por su autodeterminación y derechos.

Contexto Histórico: Los kurdos, una etnia sin estado, han luchado durante décadas por su autodeterminación en regiones de Turquía, Siria, Irak e Irán. El PKK, fundado por Abdullah Öcalan, ha sido un actor central en esta lucha, combinando el marxismo-leninismo con la lucha nacionalista.

Cita: "Nuestra resistencia es por la libertad y la dignidad de nuestro pueblo" (Öcalan, 1998).

Estrategias Utilizadas: La guerra de guerrillas, la movilización comunitaria y la formación de alianzas con otros grupos oprimidos han sido tácticas clave del PKK. La resistencia kurda también se ha destacado por su enfoque en la igualdad de género y la democracia directa en las regiones que controla.

En conclusión, los casos de estudio y ejemplos prácticos presentados en esta sección muestran cómo el **Patriotismo Revolucionario Proletario (PRP)** puede ser aplicado en diversos contextos para resistir el imperialismo y promover la justicia social. Al aprender de estos ejemplos, el PRP busca fortalecer su marco teórico y práctico para enfrentar los desafíos contemporáneos y construir una sociedad más justa y equitativa.

Capítulo 8: Crítica al Duguinismo

El **Duguinismo**, desarrollado por Aleksandr Dugin, se ha presentado como una alternativa geopolítica y filosófica al orden liberal occidental, abogando por un renacimiento del poder euroasiático. Sin embargo, el **Patriotismo Revolucionario Proletario (PRP)**, inspirado en las ideas de Eduard Limonov y otros marxistas-leninistas, presenta críticas significativas a las bases teóricas y prácticas del Duguinismo. Este capítulo analiza estas críticas y contrasta las ideas de Dugin con las de Limonov desde una perspectiva académica y teórica.

1. Fundamentos del Duguinismo

Aleksandr Dugin es conocido por su teoría del Eurasianismo, que propone la creación de una civilización euroasiática que desafíe la hegemonía occidental. El Duguinismo rechaza el liberalismo y la democracia occidental, promoviendo en su lugar un modelo de sociedad tradicionalista y autoritaria.

Aleksandr Dugin y el Eurasianismo: Dugin sostiene que Rusia debe liderar un bloque euroasiático que incluya a países de Asia Central y del Este de Europa, en contraposición a la influencia de Estados Unidos y la OTAN. En su libro **"La Cuarta Teoría Política"** (2012), Dugin argumenta:

Cita: "El enfrentamiento contemporáneo es entre las fuerzas del orden global atlántico y una alternativa euroasiática que representa la verdadera pluralidad cultural y civilizacional" (Dugin, 2012).

2. Comparación y Contraste entre Dugin y Limonov

Mientras que Dugin y Limonov comparten cierta simpatía por el nacionalismo ruso y el rechazo al liberalismo occidental, sus enfoques divergen significativamente en aspectos clave, particularmente en la aplicación de sus ideas y su visión del rol del Estado y la revolución.

Autoritarismo y Tradicionalismo vs. Nacional-Bolchevismo Revolucionario:

Dugin: Promueve un modelo autoritario y tradicionalista que busca restaurar los valores premodernos y fortalecer las estructuras de poder centralizadas. Esto implica un retorno a las jerarquías tradicionales y una revalorización de la religión y la espiritualidad ortodoxa.

Cita: "Necesitamos una ideología que rechace los principios de la modernidad, incluyendo la democracia liberal, el individualismo y el secularismo" (Dugin, 2012).

Limonov: Aunque también rechaza el liberalismo occidental, Limonov aboga por una revolución nacional-bolchevique que combine el patriotismo con el marxismo-leninismo. Su enfoque es más radical y busca una transformación profunda de la sociedad hacia el socialismo, sin recurrir al autoritarismo tradicionalista de Dugin.

Cita: "Nuestro nacionalismo no es reaccionario, sino revolucionario; no busca preservar el orden existente, sino destruirlo para crear uno nuevo y justo" (Limonov, 1992).

Exclusión y Xenofobia vs. Internacionalismo Proletario:

Dugin: Su visión incluye un fuerte componente de exclusión y xenofobia, donde la identidad rusa y euroasiática se definen en oposición al "otro" occidental. Esto puede llevar a la justificación de la agresión y la supremacía cultural.

Cita: "El conflicto es inevitable y necesario; es a través de la lucha que la identidad nacional y civilizacional se fortalece" (Dugin, 1997).

Limonov: Aunque promueve un fuerte sentido de identidad nacional, Limonov no cae en el chovinismo ni la xenofobia. Aboga por un nacionalismo que es inclusivo y que puede coexistir con el internacionalismo proletario, promoviendo la solidaridad entre los oprimidos a nivel global.

Cita: "Nuestro patriotismo no es excluyente; es una herramienta para unir a los oprimidos contra sus opresores, sin importar su origen" (Limonov, 2002).

Política Geopolítica vs. Revolución Social y Nacional:

Dugin: Se centra en la geopolítica y en la creación de un bloque euroasiático para contrarrestar el poder occidental. Su enfoque es más estratégico y menos preocupado por las condiciones sociales internas de los países que aspira a unir.

Cita: "La geopolítica es el campo de batalla donde se decide el destino de las civilizaciones" (Dugin, 2012).

Limonov: Se enfoca en la revolución social y nacional dentro de Rusia y otros países, buscando transformar las estructuras internas de poder y mejorar las condiciones de vida de las clases trabajadoras. Su visión es más integradora y considera que la revolución debe comenzar desde dentro antes de aspirar a un cambio geopolítico.

Cita: "No podemos aspirar a cambiar el mundo sin primero cambiar nuestras propias sociedades y eliminar las injusticias internas" (Limonov, 2005).

3. Críticas Académicas del PRP al Duguinismo

El **Patriotismo Revolucionario Proletario (PRP)** ofrece una crítica detallada al Duguinismo desde múltiples perspectivas teóricas y prácticas, argumentando que este enfoque puede perpetuar sistemas opresivos y antidemocráticos.

Crítica desde el Marxismo-Leninismo: Desde una perspectiva marxista-leninista, el PRP sostiene que el Duguinismo es fundamentalmente incompatible con los principios del socialismo científico y la lucha de clases.

Rechazo al Tradicionalismo: El PRP critica el tradicionalismo del Duguinismo, argumentando que este enfoque busca restaurar estructuras sociales y económicas premodernas que son intrínsecamente opresivas. En lugar de avanzar hacia una sociedad sin clases, el Duguinismo promueve jerarquías rígidas y autoritarias.

Cita: "La historia de todas las sociedades hasta nuestros días es la historia de la lucha de clases" (Marx y Engels, 1848).

Crítica desde el Internacionalismo Proletario: El PRP rechaza el nacionalismo excluyente del Duguinismo, que puede llevar a la xenofobia y el racismo, contraviniendo los principios de solidaridad internacional y unidad de la clase trabajadora.

Cita: "El proletariado no puede alcanzar su emancipación sin una lucha revolucionaria contra todos los nacionalismos y la completa eliminación de todas las barreras nacionales" (Lenin, 1913).

Comparación Teórica: Duguinismo vs. Nacional-Bolchevismo: Al comparar las teorías de Dugin y Limonov, es posible identificar diferencias significativas en sus enfoques ideológicos y estrategias políticas:

Estructura del Poder: Dugin aboga por un sistema jerárquico y autoritario, mientras que Limonov promueve una estructura revolucionaria que busca empoderar a las masas y derrocar el sistema capitalista.

Cita: "La dictadura del proletariado es la organización del poder estatal para la represión de la burguesía" (Lenin, 1917).

Objetivos Finales: El objetivo del Duguinismo es la creación de un imperio euroasiático tradicionalista, mientras que el nacional-bolchevismo busca la instauración de una sociedad socialista basada en la justicia social y la igualdad.

Cita: "La revolución no es una manzana que cae cuando está madura. Tienes que hacerla caer" (Guevara, 1960).

Crítica desde la Justicia Social y la Democracia: El PRP considera que el Duguinismo perpetúa la desigualdad y la opresión al promover una estructura autoritaria y elitista.

Incompatibilidad con la Justicia Social: El enfoque autoritario de Dugin socava los principios de justicia social e igualdad que son fundamentales para el PRP. Al mantener estructuras jerárquicas rígidas, el Duguinismo perpetúa la explotación y la injusticia.

Cita: "La política es una cuestión de masas, y debe ser decidida por las masas" (Mao, 1945).

4. Alternativa del PRP al Duguinismo

El PRP ofrece una alternativa basada en el internacionalismo proletario, la justicia social y la democracia participativa:

Internacionalismo Proletario: Promover la solidaridad entre los trabajadores de todo el mundo, resistiendo tanto al imperialismo occidental como a las formas autoritarias y exclusivas de nacionalismo.

Cita: "El verdadero revolucionario está guiado por grandes sentimientos de amor. Es imposible pensar en un revolucionario auténtico sin esta cualidad" (Guevara, 1965).

Justicia Social y Democracia: Fomentar una sociedad basada en la igualdad, la justicia social y la participación democrática, rechazando el autoritarismo y el tradicionalismo.

Cita: "La política es una cuestión de masas, y debe ser decidida por las masas" (Mao, 1945).

Parte 9: Invitación al Movimiento Feminista

El **Patriotismo Revolucionario Proletario (PRP)** reconoce la importancia del feminismo en la lucha por la justicia social y la igualdad de género. Este capítulo se centra en cómo el PRP integra las demandas feministas y trabaja junto con el movimiento feminista para lograr una sociedad más equitativa. Profundizaremos en las bases teóricas, críticas y colaboraciones prácticas, apoyándonos en una extensa gama de referencias académicas y teóricas.

1. Fundamentación Teórica del Feminismo en el PRP

El PRP sostiene que la opresión de género es una parte integral de la estructura capitalista y que la lucha por la emancipación de las mujeres es esencial para la revolución socialista. Esta perspectiva se fundamenta en las teorías de varios pensadores feministas y marxistas.

Simone de Beauvoir y la Construcción Social del Género: Simone de Beauvoir argumenta que la opresión de las mujeres es una construcción social que debe ser desmantelada junto con otras formas de opresión:

Cita: "No se nace mujer: se llega a serlo" (De Beauvoir, 1949).

Angela Davis sobre la Interseccionalidad: Angela Davis sostiene que la opresión de género no puede ser vista aisladamente, sino que está interrelacionada con otras formas de opresión, como la raza y la clase:

Cita: "La lucha por la liberación de las mujeres debe ser una lucha antirracista y anticapitalista" (Davis, 1981).

2. Críticas al Feminismo Liberal

El PRP critica el feminismo liberal por no abordar las raíces estructurales de la opresión y por limitarse a luchas por la igualdad dentro del sistema capitalista.

Nancy Fraser sobre la Justicia Redistributiva: Nancy Fraser argumenta que el feminismo liberal se centra demasiado en el reconocimiento y no lo suficiente en la redistribución económica:

Cita: "La justicia requiere tanto la redistribución como el reconocimiento. No podemos tener uno sin el otro" (Fraser, 1995).

3. Estrategias de Inclusión del Feminismo en el PRP

El PRP propone varias estrategias para integrar el feminismo en su lucha revolucionaria, inspirándose en teorías y prácticas feministas marxistas y revolucionarias.

Educación y Conciencia de Género: Promover la educación sobre cuestiones de género y feminismo dentro del movimiento revolucionario para empoderar a las mujeres y concienciar a los hombres sobre las desigualdades de género.

bell hooks sobre la Educación Crítica: hooks destaca la importancia de la educación crítica para desmantelar las estructuras patriarcales:

Cita: "La educación como práctica de la libertad es un acto de resistencia" (hooks, 1994).

Políticas Inclusivas: Desarrollar políticas y prácticas que promuevan la igualdad de género en todos los niveles de la sociedad, incluyendo la representación equitativa en estructuras de poder y toma de decisiones.

Silvia Federici sobre el Trabajo Doméstico: Federici aboga por el reconocimiento del trabajo doméstico no remunerado como una parte fundamental de la lucha feminista:

Cita: "El trabajo doméstico es una condición necesaria para la reproducción de la fuerza de trabajo y, por lo tanto, para la acumulación de capital" (Federici, 1975).

Apoyo a Movimientos Feministas: Trabajar en alianza con movimientos feministas y apoyar sus demandas, reconociendo que la lucha por la igualdad de género es fundamental para la justicia social.

4. Colaboraciones Prácticas con el Movimiento Feminista

El PRP se compromete a colaborar con organizaciones feministas para desarrollar iniciativas conjuntas que aborden tanto la opresión de género como la explotación capitalista.

Organización de Movilizaciones Conjuntas: Planificar y llevar a cabo movilizaciones y campañas que aborden temas comunes, como la violencia de género, el acceso equitativo a recursos y la igualdad salarial.

Marchas Internacionales de las Mujeres: Participar y apoyar las Marchas Internacionales de las Mujeres, que abogan por los derechos de las mujeres y la igualdad de género en todo el mundo.

Desarrollo de Proyectos Comunitarios: Iniciar proyectos comunitarios que empoderen a las mujeres y promuevan la justicia de género, como programas de educación, apoyo legal y redes de solidaridad.

Zapatistas y las Juntas de Buen Gobierno: Inspirarse en la experiencia de las mujeres zapatistas en México, quienes han creado estructuras de gobierno autónomo que promueven la igualdad de género y la participación de las mujeres.

5. Referencias Académicas y Bibliográficas

Para profundizar en el entendimiento de las intersecciones entre el PRP y el feminismo, se recomienda consultar las siguientes obras y autores:

"El segundo sexo" de Simone de Beauvoir (1949): Un análisis fundamental sobre la construcción social del género y la opresión de las mujeres.

"Mujeres, raza y clase" de Angela Davis (1981): Un enfoque interseccional sobre cómo la raza, el género y la clase se entrelazan en la opresión de las mujeres.

"Redistribution or Recognition?" de Nancy Fraser (1995): Un debate crítico sobre la justicia social que combina la redistribución económica y el reconocimiento cultural.

"Teaching to Transgress" de bell hooks (1994): Una obra que explora la educación como un acto de resistencia y liberación.

"Calibán y la Bruja" de Silvia Federici (2004): Un análisis histórico sobre la relación entre el trabajo doméstico, la acumulación primitiva y la opresión de las mujeres.

Conclusión

El **Patriotismo Revolucionario Proletario (PRP)** se presenta como una ideología que no solo integra la lucha de clases con el patriotismo progresista, sino que también incorpora de manera fundamental la lucha feminista. A través de la educación crítica, las políticas inclusivas y las colaboraciones prácticas con movimientos feministas, el PRP busca construir una sociedad más justa y equitativa para todos.

Parte 10: Críticas al Tradicionalismo

El concepto de partido en la teoría revolucionaria ha sido central para el marxismo-leninismo y otras corrientes del pensamiento revolucionario. En el contexto del **Patriotismo Revolucionario Proletario (PRP)**, la función del partido es crucial para la organización y dirección de la lucha de clases. Este capítulo explora cómo se concibe el partido en la teoría revolucionaria y cómo se integra en la estructura del PRP, con influencias de figuras clave como Karl Marx, Vladimir Lenin y Eduard Limonov.

1. Definición y Rol del Partido en el Marxismo-Leninismo

El partido revolucionario, según la teoría marxista-leninista, es una organización política que guía a la clase trabajadora en su lucha contra el capitalismo. Es visto como el núcleo central para la dirección y organización de la revolución socialista.

Partido de Vanguardia: Lenin acuñó el término "partido de vanguardia" para describir una organización compuesta por revolucionarios profesionales dedicados a la causa del socialismo. Este partido es disciplinado y centralizado, capaz de liderar y coordinar las acciones del proletariado.

Función del Partido: El partido no solo debe liderar la lucha política, sino también educar a las masas, elevar la conciencia de clase y organizar la resistencia contra la opresión capitalista. Su papel es esencial para mantener la coherencia y dirección del movimiento revolucionario.

2. La Autodeterminación y el Partido según Lenin

Vladimir Lenin, como líder del Partido Bolchevique y teórico marxista, enfatizó la importancia del partido en la lucha por la autodeterminación y la liberación nacional. Lenin veía el partido como el instrumento principal para dirigir a las masas hacia la revolución y la construcción del socialismo.

El Partido y la Cuestión Nacional: Lenin argumentó que el partido debe apoyar los movimientos de liberación nacional y la autodeterminación de los pueblos oprimidos. Esta postura busca debilitar al imperialismo y fortalecer la solidaridad internacional de los trabajadores.

3. Eduard Limonov y el Partido Nacional-Bolchevique

Eduard Limonov, fundador del Partido Nacional-Bolchevique, propuso una organización que combinara el marxismo-leninismo con un fuerte sentido de identidad nacional. El Partido Nacional-Bolchevique buscaba movilizar a las masas a través del nacionalismo revolucionario y la lucha de clases.

El Partido según Limonov: Para Limonov, el partido debía ser una fuerza unificadora que aprovechara el patriotismo y la identidad nacional para fortalecer la cohesión social y la resistencia contra el imperialismo. Su enfoque enfatizaba la importancia de la soberanía nacional y la lucha contra las intervenciones extranjeras.

4. Integración del Partido en el PRP

En el **Patriotismo Revolucionario Proletario (PRP)**, el partido juega un rol fundamental en la articulación y dirección del movimiento revolucionario. La integración de los principios del marxismo-leninismo con las ideas de Limonov sobre el partido nacionalista proporciona un marco para la organización y acción efectiva.

Partido de Vanguardia Progresista: El PRP promueve la creación de un partido de vanguardia progresista que combine la disciplina y centralización del leninismo con el patriotismo progresista. Este partido debe ser capaz de liderar la lucha de clases y defender la soberanía nacional.

Educación y Formación: El partido debe enfocarse en la educación y formación de sus miembros, elevando la conciencia de clase y proporcionando las herramientas necesarias para la acción revolucionaria. La educación política es esencial para mantener la coherencia ideológica y la efectividad del movimiento.

5. Estrategias de Movilización y Acción del Partido

El PRP emplea diversas estrategias para movilizar a las masas y avanzar en la lucha revolucionaria a través del partido.

Movilización de las Masas: El partido utiliza el patriotismo progresista y la identidad nacional como herramientas para movilizar a las masas en la lucha contra el capitalismo y el imperialismo. La unidad nacional es vista como un medio para fortalecer la resistencia interna.

Alianzas Estratégicas: El partido forma alianzas con otros movimientos revolucionarios y progresistas a nivel nacional e internacional para fortalecer la lucha común. Se reconoce la importancia de una red global de solidaridad.

Acción Directa y Protesta: El partido organiza y dirige acciones directas, protestas y otras formas de resistencia para desafiar el poder capitalista y avanzar en la lucha revolucionaria. La acción en las calles y la organización de base son esenciales.

Defensa de los Derechos Sociales y Económicos: El partido lucha por la protección y ampliación de los derechos sociales y económicos de las personas, incluyendo la salud, la educación, el trabajo digno y la vivienda. Estos derechos son vistos como fundamentales para la justicia social.

6. Desafíos y Perspectivas del Partido en el PRP

El partido en el PRP enfrenta varios desafíos, incluyendo la coordinación entre el patriotismo y el internacionalismo proletario, la formación de alianzas estratégicas y la educación política. Sin embargo, el partido también ofrece una visión prometedora para la lucha revolucionaria contemporánea, al combinar la fuerza unificadora del patriotismo con los principios del marxismo-leninismo.

En resumen, el partido en el **Patriotismo Revolucionario Proletario (PRP)** se presenta como una organización integral que combina la lucha de clases con un enfoque renovado en el patriotismo progresista. Al integrar las ideas de Marx, Lenin y Limonov, el PRP busca ofrecer un marco teórico y práctico para enfrentar los desafíos contemporáneos y construir una sociedad más justa y equitativa.

Parte 11: Libertad Sexual en el Patriotismo Revolucionario Proletario

La libertad sexual es un componente esencial de la ideología del **Patriotismo Revolucionario Proletario (PRP)**, que aboga por la emancipación total del ser humano de todas las formas de opresión, incluyendo la represión sexual. Este capítulo explora cómo el PRP integra la lucha por la libertad sexual en su marco teórico y práctico, apoyándose en referencias académicas y teóricas relevantes.

1. Fundamentación Teórica de la Libertad Sexual

El PRP sostiene que la represión sexual es una herramienta utilizada por las estructuras autoritarias y capitalistas para mantener el control social y político. La lucha por la libertad sexual es, por tanto, una parte integral de la lucha por la liberación total del ser humano.

Wilhelm Reich y la Revolución Sexual: Wilhelm Reich argumentaba que la represión sexual está íntimamente ligada a la opresión económica y política, y que la liberación sexual es una condición necesaria para la revolución social.

Cita: "La revolución sexual es una parte indispensable de la revolución social" (Reich, 1936).

Herbert Marcuse y la Liberación Eros: Herbert Marcuse, en su obra **"Eros y Civilización"** (1955), sugiere que la liberación del Eros (la energía sexual) es esencial para superar las restricciones impuestas por la sociedad represiva.

Cita: "La liberación de las potencialidades reprimidas en la sexualidad es una precondición para una civilización no represiva" (Marcuse, 1955).

2. Críticas a la Represión Sexual

El PRP critica la represión sexual como una forma de control social que perpetúa la desigualdad y la injusticia. Esta represión es vista como una herramienta utilizada por el estado y las instituciones religiosas para mantener su poder y autoridad.

Michel Foucault y la Historia de la Sexualidad: Michel Foucault analiza cómo las sociedades han utilizado la represión sexual como una forma de biopoder, controlando los cuerpos y la sexualidad de las personas para ejercer su dominio.

Cita: "El sexo se convierte en un objetivo estratégico para la gestión de la vida de las poblaciones" (Foucault, 1976).

3. Estrategias del PRP para Promover la Libertad Sexual

El PRP propone varias estrategias para promover la libertad sexual y desmantelar las estructuras que perpetúan la represión.

Educación Sexual Integral: Promover la educación sexual integral como un derecho fundamental, asegurando que todas las personas tengan acceso a información precisa y completa sobre la sexualidad, el género y la salud reproductiva.

Proyecto de Ley de Educación Sexual Integral: Implementar proyectos de ley que aseguren la educación sexual en todos los niveles educativos, inspirándose en modelos progresistas como los de Suecia y los Países Bajos.

Derechos Reproductivos y Salud Sexual: Defender los derechos reproductivos y la salud sexual, incluyendo el acceso a anticonceptivos, el aborto seguro y el cuidado de la salud sexual y reproductiva.

Planned Parenthood y los Derechos Reproductivos: Inspirarse en organizaciones como Planned Parenthood para desarrollar políticas de salud sexual y reproductiva que sean accesibles y equitativas.

Eliminación de la Discriminación de Género y Sexualidad: Luchar contra la discriminación basada en el género y la sexualidad, promoviendo políticas inclusivas y equitativas que reconozcan y respeten la diversidad sexual y de género.

Derechos LGBTQ+: Apoyar los derechos de las personas LGBTQ+ y promover la igualdad legal y social, inspirándose en movimientos como Stonewall y Act Up.

4. Referencias Académicas y Teóricas

Para una comprensión más profunda de las intersecciones entre el PRP y la libertad sexual, se recomienda consultar las siguientes obras y autores:

"La revolución sexual" de Wilhelm Reich (1936): Una obra fundamental que vincula la liberación sexual con la revolución social.

"Eros y Civilización" de Herbert Marcuse (1955): Un análisis filosófico sobre la liberación del Eros y su papel en la sociedad no represiva.

"La historia de la sexualidad" de Michel Foucault (1976): Un estudio sobre cómo las sociedades han utilizado la represión sexual como una forma de control biopolítico.

"El género en disputa" de Judith Butler (1990): Un análisis sobre cómo el género y la sexualidad son construcciones sociales y políticas.

Conclusión

El **Patriotismo Revolucionario Proletario (PRP)** integra la lucha por la libertad sexual en su marco ideológico y práctico, reconociendo que la emancipación total del ser humano requiere la liberación de todas las formas de opresión, incluyendo la represión sexual. A través de la educación sexual integral, la defensa de los derechos reproductivos y la lucha contra la discriminación de género y sexualidad, el PRP busca construir una sociedad más justa y equitativa para todos.

Parte 12: Anti-Fascismo en el Patriotismo Revolucionario Proletario

El **Patriotismo Revolucionario Proletario (PRP)** se posiciona firmemente en contra del fascismo, viéndolo como una ideología que promueve la opresión, la explotación y la violencia. Este capítulo explora cómo el PRP integra la lucha contra el fascismo en su marco teórico y práctico, apoyándose en referencias académicas y teóricas relevantes, y destacando ejemplos históricos de resistencia antifascista.

1. Fundamentación Teórica del Anti-Fascismo

El PRP sostiene que el fascismo es una forma extrema de la opresión capitalista, que utiliza la violencia y la represión para mantener el control de las élites sobre las masas. La lucha contra el fascismo es, por tanto, una parte integral de la lucha por la justicia social y la emancipación humana.

Antonio Gramsci sobre el Fascismo: Gramsci describe el fascismo como una reacción violenta de las clases dominantes para mantener su poder frente a la amenaza de la revolución proletaria.

Cita: "El fascismo es la expresión más violenta del capitalismo en crisis" (Gramsci, 1934).

Herbert Marcuse y la Tolerancia Represiva: Marcuse argumenta que una sociedad verdaderamente democrática no puede tolerar el fascismo, ya que esta ideología busca destruir la libertad y la igualdad.

Cita: "La tolerancia hacia el fascismo es una traición a la humanidad" (Marcuse, 1965).

2. Críticas Académicas al Fascismo

El PRP ofrece una revisión crítica de varias obras que analizan el fascismo, destacando sus características opresivas y las estrategias utilizadas por los movimientos fascistas para consolidar su poder.

Hannah Arendt y los Orígenes del Totalitarismo: Arendt analiza cómo el fascismo utiliza el totalitarismo para controlar todos los aspectos de la vida social y política, suprimiendo cualquier forma de disidencia.

Cita: "El totalitarismo es una forma de gobierno que se basa en el terror y la propaganda para mantener el control absoluto" (Arendt, 1951).

Umberto Eco y el Fascismo Eterno: Eco identifica varias características del fascismo que lo hacen perpetuamente peligroso, como el culto a la tradición, el rechazo de la modernidad y la exaltación de la violencia.

Cita: "El fascismo eterno es una forma de mentalidad que puede resurgir en cualquier momento y lugar" (Eco, 1995).

3. Estrategias del PRP para Combatir el Fascismo

El PRP propone varias estrategias para combatir el fascismo y prevenir su resurgimiento, inspirándose en teorías y prácticas antifascistas históricas y contemporáneas.

Organización de Movilizaciones Antifascistas: Planificar y llevar a cabo movilizaciones y campañas antifascistas para denunciar y resistir a los movimientos y regímenes fascistas.

Ejemplo: La Resistencia Antifascista en Italia: Durante la Segunda Guerra Mundial, la resistencia antifascista en Italia, compuesta por partisanos, luchó contra el régimen de Mussolini y las fuerzas de ocupación nazi.

Cita: "La resistencia es la afirmación más alta de la dignidad humana frente a la barbarie fascista" (Primo Levi, 1947).

Educación y Conciencia Política: Promover la educación política y la conciencia histórica sobre el fascismo y sus peligros, asegurando que las nuevas generaciones comprendan la importancia de la lucha antifascista.

Programa de Educación Antifascista: Desarrollar programas educativos que enseñen la historia del fascismo y las estrategias de resistencia, inspirándose en modelos educativos progresistas.

Construcción de Alianzas Internacionales: Establecer alianzas con movimientos y organizaciones antifascistas a nivel internacional para fortalecer la resistencia global contra el fascismo.

Ejemplo: La Brigada Internacional en la Guerra Civil Española: Voluntarios internacionales se unieron a las fuerzas republicanas en la Guerra Civil Española para luchar contra el fascismo franquista.

Cita: "Nuestra lucha no es solo por España, es por la humanidad entera" (George Orwell, 1938).

4. Referencias Académicas y Teóricas

Para una comprensión más profunda de las intersecciones entre el PRP y la lucha antifascista, se recomienda consultar las siguientes obras y autores:

"Cuadernos de la cárcel" de Antonio Gramsci (1934): Un análisis fundamental sobre el fascismo y su relación con el capitalismo en crisis.

"Los orígenes del totalitarismo" de Hannah Arendt (1951): Un estudio exhaustivo sobre el totalitarismo y su evolución histórica.

"Cinco escritos morales" de Umberto Eco (1995): Incluye el ensayo "El fascismo eterno", que identifica las características del fascismo que lo hacen perpetuamente peligroso.

"Eros y civilización" de Herbert Marcuse (1965): Un análisis sobre cómo la tolerancia represiva puede permitir el resurgimiento del fascismo.

"Si esto es un hombre" de Primo Levi (1947): Un testimonio sobre la resistencia antifascista y la dignidad humana frente a la barbarie.

Conclusión

El **Patriotismo Revolucionario Proletario (PRP)** se posiciona firmemente en contra del fascismo, integrando la lucha antifascista en su marco teórico y práctico. A través de la educación política, la organización de movilizaciones antifascistas y la construcción de alianzas internacionales, el PRP busca prevenir el resurgimiento del fascismo y construir una sociedad más justa y equitativa. Este enfoque se basa en un análisis profundo de las características opresivas del fascismo y en una estrategia integral de resistencia y emancipación.

Capítulo 13: Inclusión de la Juventud en el Patriotismo

El **Patriotismo Revolucionario Proletario (PRP)** reconoce la importancia de la juventud en la lucha por la justicia social y la transformación revolucionaria. Este capítulo aborda cómo el PRP integra y moviliza a la juventud, destacando su papel crucial en el movimiento revolucionario y proporcionando referencias teóricas y prácticas sobre la participación juvenil.

1. Importancia de la Juventud en la Revolución

La juventud siempre ha sido un motor fundamental en los movimientos revolucionarios debido a su energía, creatividad y disposición para el cambio. El PRP se enfoca en empoderar a los jóvenes como agentes de cambio social y político.

Che Guevara sobre la Juventud: Che Guevara destacó la importancia de la juventud en la revolución, enfatizando su papel en la construcción de una sociedad nueva y más justa.

Cita: "La juventud debe ser la vanguardia de la revolución, luchando por un futuro mejor" (Guevara, 1962).

2. Estrategias de Inclusión Juvenil

El PRP implementa diversas estrategias para involucrar a la juventud en la lucha revolucionaria, asegurando que sus voces y perspectivas sean escuchadas y valoradas.

Educación y Formación Política: Promover la educación política y la formación ideológica entre los jóvenes, proporcionando las herramientas necesarias para comprender y enfrentar las injusticias sociales y económicas.

Ejemplo: Las Brigadas Juveniles: Inspirarse en las brigadas juveniles del Movimiento 26 de Julio en Cuba, que jugaron un papel clave en la Revolución Cubana.

Cita: "La educación revolucionaria es fundamental para formar a los líderes del mañana" (Castro, 1961).

Participación Activa en la Toma de Decisiones: Incluir a los jóvenes en los procesos de toma de decisiones a nivel organizativo, asegurando que sus perspectivas y necesidades sean consideradas en la planificación y ejecución de las estrategias revolucionarias.

Ejemplo: Los Consejos Juveniles en Venezuela: Los consejos juveniles han sido una plataforma para la participación activa de los jóvenes en la Revolución Bolivariana.

Cita: "La juventud es el pilar sobre el cual construiremos el socialismo del siglo XXI" (Chávez, 2007).

Movilización y Activismo: Fomentar la movilización y el activismo juvenil a través de la organización de protestas, campañas y actividades comunitarias que aborden temas de interés para los jóvenes, como el cambio climático, la educación y la justicia social.

Ejemplo: Fridays for Future: El movimiento global de jóvenes contra el cambio climático, liderado por Greta Thunberg, muestra cómo la juventud puede movilizarse en torno a causas urgentes y movilizar a millones de personas en todo el mundo.

Cita: "El futuro pertenece a los jóvenes, y son ellos quienes deben liderar la lucha por un planeta habitable" (Thunberg, 2019).

3. Críticas y Desafíos

El PRP también enfrenta críticas y desafíos en la inclusión de la juventud, especialmente en contextos donde los jóvenes pueden sentirse desilusionados o marginados.

Desafección Política: Muchos jóvenes pueden sentirse desilusionados por la política tradicional y desconfiar de las organizaciones establecidas, lo que representa un desafío para el PRP en su intento de movilizarlos.

Manuel Castells sobre la Desafección Juvenil: Castells analiza cómo la desafección política entre los jóvenes puede ser un obstáculo para la movilización y propone formas de reconectar con ellos a través de redes sociales y medios digitales.

Cita: "La clave para movilizar a la juventud es escuchar sus voces y permitirles liderar el cambio que desean ver" (Castells, 2012).

Represión Estatal: En muchos países, los movimientos juveniles enfrentan represión estatal y violencia, lo que puede dificultar su participación activa en la lucha revolucionaria.

Ejemplo: El Movimiento Estudiantil en Chile: Los estudiantes chilenos han enfrentado una intensa represión estatal en su lucha por la educación gratuita y de calidad.

Cita: "La represión estatal no debe silenciar las voces de la juventud, sino fortalecer su determinación de luchar por la justicia" (Camila Vallejo, 2011).

4. Referencias Académicas y Teóricas

Para una comprensión más profunda de la inclusión de la juventud en el PRP, se recomienda consultar las siguientes obras y autores:

"La juventud y la revolución" de Ernesto Che Guevara (1962): Un análisis sobre el papel de la juventud en los movimientos revolucionarios.

"La Revolución Bolivariana" de Hugo Chávez (2007): Discursos y escritos sobre la inclusión juvenil en la Revolución Bolivariana.

"Redes de indignación y esperanza" de Manuel Castells (2012): Un estudio sobre la movilización juvenil en la era digital y la desafección política.

"Crónicas de una rebelión estudiantil" de Camila Vallejo (2013): Un testimonio sobre el movimiento estudiantil en Chile y sus desafíos frente a la represión estatal.

Conclusión

El **Patriotismo Revolucionario Proletario (PRP)** reconoce la importancia de la juventud en la lucha por la justicia social y la transformación revolucionaria. A través de la educación política, la participación activa en la toma de decisiones, la movilización y el activismo, el PRP busca empoderar a los jóvenes como agentes de cambio. Este enfoque se basa en un análisis profundo de las experiencias y desafíos de los movimientos juveniles y en una estrategia integral de inclusión y emancipación.

Capítulo 14: Estrategias de Comunicación y Propaganda en el PRP

El **Patriotismo Revolucionario Proletario (PRP)** reconoce que la comunicación y la propaganda son herramientas vitales para difundir su mensaje, movilizar a las masas y contrarrestar la desinformación. Este capítulo explora las estrategias de comunicación y propaganda del PRP, con referencias académicas y teóricas que sustentan su enfoque.

1. La Importancia de la Comunicación en la Revolución

La comunicación eficaz es esencial para cualquier movimiento revolucionario, ya que permite transmitir ideas, organizar a las masas y mantener la cohesión interna. En el caso del PRP, la comunicación debe ser clara, accesible y resonar con las experiencias y aspiraciones de las personas.

Antonio Gramsci y la Hegemonía Cultural: Gramsci argumenta que para lograr una revolución, es crucial ganar la "hegemonía cultural" mediante la difusión de ideas revolucionarias que desafíen el pensamiento dominante.

Cita: "El poder cultural es tan importante como el poder político. Sin cambiar las mentes y corazones de la gente, es imposible mantener una revolución duradera" (Gramsci, 1934).

2. Estrategias de Propaganda del PRP

El PRP emplea una variedad de estrategias de propaganda para difundir su mensaje y contrarrestar la narrativa de las clases dominantes. Estas estrategias incluyen el uso de medios tradicionales y digitales, la creación de contenido original y la organización de eventos y campañas.

Medios Tradicionales: Utilizar periódicos, revistas, folletos y carteles para difundir mensajes revolucionarios y educar a las masas sobre la lucha de clases y la opresión capitalista.

Ejemplo: Pravda y la Revolución Rusa: El periódico Pravda fue una herramienta crucial para los bolcheviques durante la Revolución Rusa, ayudando a difundir ideas revolucionarias y a organizar a los trabajadores.

Cita: "La prensa revolucionaria es la voz de los oprimidos y una herramienta de lucha contra los explotadores" (Lenin, 1912).

Medios Digitales: Aprovechar las plataformas digitales, como redes sociales, blogs y sitios web, para llegar a un público más amplio y fomentar la participación activa.

Ejemplo: La Primavera Árabe: Las redes sociales desempeñaron un papel crucial en la Primavera Árabe, permitiendo a los activistas coordinar protestas y difundir información rápidamente.

Cita: "Las redes sociales han democratizado la comunicación, permitiendo a los movimientos revolucionarios desafiar el control de los medios tradicionales" (Howard & Hussain, 2011).

Creación de Contenido Original: Producir contenido original, como videos, podcasts y gráficos informativos, que expliquen los principios del PRP y expongan las injusticias del sistema capitalista.

Ejemplo: Documentales de Michael Moore: Las películas documentales de Moore, como **"Fahrenheit 9/11"**, utilizan el formato visual para criticar el sistema político y económico de Estados Unidos.

Cita: "El cine y los medios visuales son herramientas poderosas para influir en la opinión pública y movilizar a las masas" (Moore, 2004).

3. Tácticas de Contrapropaganda

La contrapropaganda es esencial para el PRP, ya que le permite contrarrestar la desinformación y las narrativas reaccionarias difundidas por las élites capitalistas.

Análisis Crítico de Medios: Desarrollar habilidades de análisis crítico de medios entre sus miembros y simpatizantes para identificar y contrarrestar la desinformación.

Chomsky y la Fabricación del Consentimiento: Noam Chomsky argumenta que los medios de comunicación son utilizados por las élites para "fabricar el consentimiento" y legitimar su poder.

Cita: "La propaganda es a la democracia lo que la represión es a la dictadura" (Chomsky, 1988).

Desmentido Rápido: Implementar tácticas de desmentido rápido para responder eficazmente a la desinformación y las noticias falsas.

Ejemplo: Verificación de Hechos en Tiempo Real: Utilizar herramientas de verificación de hechos en tiempo real para desmentir rumores y mentiras propagadas por los adversarios del PRP.

Cita: "La verdad es la primera víctima de la guerra, y la batalla por la verdad es fundamental en cualquier lucha revolucionaria" (Hedges, 2002).

4. Construcción de Alianzas Mediáticas

El PRP busca construir alianzas con medios independientes y alternativos que compartan su visión y objetivos, fortaleciendo así una red de apoyo mutuo y difusión efectiva.

Medios Independientes: Colaborar con medios independientes que ofrezcan una perspectiva crítica y comprometida con la justicia social.

Ejemplo: Democracy Now!: Este programa de noticias independiente ofrece una plataforma para voces progresistas y ha sido un aliado en la lucha contra las injusticias.

Cita: "Los medios independientes son vitales para la democracia y la lucha contra la opresión" (Goodman, 2005).

5. Referencias Académicas y Teóricas

Para una comprensión más profunda de las estrategias de comunicación y propaganda del PRP, se recomienda consultar las siguientes obras y autores:

"Cuadernos de la cárcel" de Antonio Gramsci (1934): Un análisis fundamental sobre la hegemonía cultural y su papel en la lucha revolucionaria.

"La fabricación del consentimiento" de Noam Chomsky y Edward S. Herman (1988): Un estudio sobre cómo los medios de comunicación son utilizados para manipular la opinión pública.

"Propaganda" de Edward Bernays (1928): Un análisis clásico sobre el papel de la propaganda en la sociedad moderna.

"Communication Power" de Manuel Castells (2009): Un estudio sobre el poder de la comunicación en la era digital.

"Manufacturing Consent" de Noam Chomsky y Edward S. Herman (1988): Un análisis sobre el control de los medios de comunicación en las sociedades democráticas.

Conclusión

El **Patriotismo Revolucionario Proletario (PRP)** entiende que la comunicación y la propaganda son herramientas esenciales para difundir su mensaje, organizar a las masas y contrarrestar la desinformación. A través de una combinación de medios tradicionales y digitales, la creación de contenido original, la contrapropaganda y la construcción de alianzas mediáticas, el PRP busca construir una sociedad más justa y equitativa. Este enfoque se basa en un análisis profundo de las teorías de comunicación y propaganda y en una estrategia integral de resistencia y emancipación.

Parte 15: Ecologismo y Sostenibilidad

El **Patriotismo Revolucionario Proletario (PRP)** integra el ecologismo y la sostenibilidad como elementos fundamentales de su ideología, reconociendo que la justicia social y la justicia ambiental están intrínsecamente vinculadas. Este capítulo examina cómo el PRP aborda la crisis ambiental, promoviendo prácticas sostenibles y soluciones ecológicas que desafían las estructuras capitalistas responsables de la degradación ambiental.

1. La Crisis Ambiental y el Capitalismo

El PRP sostiene que el capitalismo es intrínsecamente insostenible debido a su dependencia del crecimiento económico ilimitado y la explotación desenfrenada de los recursos naturales. Esta lógica de acumulación perpetua conduce a la destrucción del medio ambiente y pone en riesgo la supervivencia de las futuras generaciones.

John Bellamy Foster y la Ecología Marxista: Foster argumenta que el capitalismo industrial ha generado una "fractura metabólica" entre la humanidad y la naturaleza, lo que resulta en crisis ecológicas recurrentes.

Cita: "El capitalismo se basa en la explotación ilimitada de los recursos naturales, una explotación que inevitablemente conduce a la degradación ambiental" (Foster, 2000).

2. Fundamentación Teórica del Ecologismo en el PRP

El ecologismo en el PRP se basa en principios marxistas que reconocen la interrelación entre la explotación del trabajo y la explotación de la naturaleza. La lucha por un mundo sostenible es, por tanto, parte integral de la lucha por la emancipación humana.

Karl Marx sobre la Relación Hombre-Naturaleza: Marx subraya la importancia de una relación sostenible entre el ser humano y la naturaleza, argumentando que la producción capitalista desequilibra esta relación.

Cita: "El modo de producción capitalista trata a la tierra y a la fuerza de trabajo humana como simples instrumentos para la creación de valor" (Marx, 1867).

3. Estrategias del PRP para Promover la Sostenibilidad

El PRP propone varias estrategias para enfrentar la crisis ambiental y promover prácticas sostenibles que beneficien tanto a la sociedad como al medio ambiente.

Transición a Energías Renovables: Promover la inversión en energías renovables, como la solar y la eólica, para reducir la dependencia de los combustibles fósiles y disminuir las emisiones de gases de efecto invernadero.

Ejemplo: Alemania y la Energiewende: Alemania ha implementado una transición hacia energías renovables mediante la iniciativa Energiewende, reduciendo significativamente su huella de carbono.

Cita: "La transición energética es esencial para un futuro sostenible y debe ser una prioridad para cualquier sociedad justa" (Scheer, 2010).

Agricultura Sostenible: Fomentar prácticas agrícolas sostenibles que respeten los ciclos naturales y promuevan la biodiversidad, evitando el uso excesivo de pesticidas y fertilizantes químicos.

Ejemplo: Agroecología en América Latina: La agroecología ha sido promovida por movimientos campesinos en América Latina como una alternativa sostenible a la agricultura industrial.

Cita: "La agroecología es una forma de resistencia al capitalismo agrario y una vía hacia la soberanía alimentaria" (Altieri, 1995).

Economía Circular: Implementar modelos de economía circular que reduzcan los residuos y promuevan el reciclaje y la reutilización de materiales, cerrando el ciclo de producción y consumo.

Ejemplo: La Economía Circular en Suecia: Suecia ha adoptado políticas de economía circular que fomentan el reciclaje y la reducción de residuos a través de programas nacionales.

Cita: "La economía circular es una estrategia necesaria para combatir la crisis ambiental y promover la sostenibilidad" (Ellen MacArthur Foundation, 2013).

4. Educación Ambiental y Conciencia Ecológica

El PRP enfatiza la importancia de la educación ambiental y la conciencia ecológica como herramientas para empoderar a las personas y comunidades en la lucha por la sostenibilidad.

Programas de Educación Ambiental: Desarrollar programas educativos que enseñen la importancia de la sostenibilidad y promuevan prácticas ecológicas en la vida cotidiana.

Ejemplo: Eco-escuelas: Las eco-escuelas son iniciativas educativas que integran la sostenibilidad en el currículo y las prácticas escolares.

Cita: "La educación ambiental es fundamental para formar ciudadanos conscientes y comprometidos con la sostenibilidad" (UNESCO, 1975).

Campañas de Concienciación: Organizar campañas de concienciación que informen al público sobre los problemas ambientales y las soluciones sostenibles, fomentando la participación activa en la protección del medio ambiente.

Ejemplo: Día de la Tierra: El Día de la Tierra es una campaña global que sensibiliza sobre la importancia de proteger el planeta y promover prácticas sostenibles.

Cita: "La concienciación y la acción colectiva son esenciales para abordar la crisis ambiental" (Earth Day Network, 1970).

5. Referencias Académicas y Teóricas

Para una comprensión más profunda de las intersecciones entre el PRP y la sostenibilidad, se recomienda consultar las siguientes obras y autores:

"La ecología de Marx" de John Bellamy Foster (2000): Un análisis sobre cómo el pensamiento de Marx puede informar la teoría y práctica ecológica.

"Capital" de Karl Marx (1867): Un estudio fundamental sobre la economía política y la relación entre el capitalismo y la naturaleza.

"Energiewende: The Success of Germany's Energy Transition" de Hermann Scheer (2010): Un análisis sobre la transición energética en Alemania y sus lecciones para otros países.

"Agroecology: The Science of Sustainable Agriculture" de Miguel Altieri (1995): Un estudio sobre la agroecología y sus beneficios para la sostenibilidad agrícola.

"Ellen MacArthur Foundation Reports" (2013): Informes sobre la economía circular y su implementación en diversas regiones del mundo.

Conclusión

El **Patriotismo Revolucionario Proletario (PRP)** integra el ecologismo y la sostenibilidad como pilares fundamentales de su ideología. A través de la promoción de energías renovables, prácticas agrícolas sostenibles, la economía circular, y la educación ambiental, el PRP busca enfrentar la crisis ambiental y construir una sociedad más justa y equitativa. Este enfoque se basa en un análisis profundo de las conexiones entre la justicia social y la justicia ambiental, y en una estrategia integral de resistencia y emancipación.

Capítulo 16: Clarificación Ideológica: No Somos Nazbols

El **Patriotismo Revolucionario Proletario (PRP)** se distancia categóricamente del Nacional-Bolchevismo (Nazbolismo), una ideología que combina elementos del nacionalismo con el bolchevismo. Este capítulo esclarecerá las diferencias fundamentales entre el PRP y el Nazbolismo, subrayando las convicciones del PRP en cuanto a la justicia social, la igualdad y el internacionalismo.

1. Fundamentación Ideológica del PRP

El PRP se basa en los principios del marxismo-leninismo y el patriotismo progresista, enfocados en la lucha de clases y la emancipación de todos los oprimidos. A diferencia del Nazbolismo, que puede inclinarse hacia un nacionalismo excluyente, el PRP promueve un patriotismo inclusivo y progresista que defiende la autodeterminación y la solidaridad internacional.

Rechazo al Nacionalismo Excluyente: El PRP se opone firmemente a cualquier forma de nacionalismo que divida a los trabajadores según líneas étnicas o nacionales, promoviendo en cambio un internacionalismo proletario.

Cita: "El nacionalismo que divide a los trabajadores es contrario a los principios del marxismo y la lucha de clases" (Lenin, 1913).

2. Comparación con el Nazbolismo

El PRP y el Nazbolismo difieren en varios aspectos clave, desde su enfoque hacia el nacionalismo hasta sus estrategias políticas. A continuación, se destacan algunas de estas diferencias fundamentales:

Patriotismo Progresista vs. Nacionalismo Excluyente: Mientras el PRP aboga por un patriotismo que une a las personas en la lucha por la justicia social, el Nazbolismo tiende a promover un nacionalismo que puede ser excluyente y xenófobo.

Internacionalismo Proletario: El PRP sostiene que la solidaridad internacional entre los trabajadores es esencial para la lucha contra el capitalismo y el imperialismo. En cambio, el Nazbolismo a menudo se centra en una visión estrecha de la identidad nacional.

Cita: "El proletariado no puede alcanzar su emancipación sin una lucha revolucionaria contra todos los nacionalismos y la completa eliminación de todas las barreras nacionales" (Lenin, 1913).

3. Críticas al Nazbolismo

El PRP critica el Nazbolismo por su enfoque autoritario y nacionalista, que puede llevar a la exclusión y la opresión. Se destacan las siguientes críticas:

Exclusión Étnica y Nacionalismo: El enfoque del Nazbolismo puede perpetuar la discriminación y la xenofobia, dividiendo a los trabajadores en lugar de unirlos en una lucha común.

Cita: "El nacionalismo burgués divide a los trabajadores y socava la solidaridad internacional" (Lenin, 1913).

Autoritarismo: La tendencia del Nazbolismo hacia el autoritarismo es incompatible con los principios de democracia y justicia social promovidos por el PRP.

Cita: "La lucha por la justicia social debe basarse en la participación democrática y la igualdad" (Luxemburg, 1919).

4. Fundamentación del PRP en la Justicia Social y la Igualdad

El PRP se fundamenta en la búsqueda de la justicia social y la igualdad, promoviendo un enfoque inclusivo y democrático en la lucha revolucionaria.

Justicia Social: El PRP aboga por la redistribución de la riqueza, el acceso universal a la educación y la salud, y la eliminación de todas las formas de opresión y explotación.

Cita: "La verdadera igualdad se alcanza cuando todos tienen acceso a los mismos recursos y oportunidades" (Marx, 1875).

Democracia Participativa: El PRP promueve la participación activa de todas las personas en la toma de decisiones políticas y económicas, asegurando que sus voces sean escuchadas y sus derechos sean respetados.

Cita: "La democracia es el camino hacia la emancipación y la justicia social" (Lenin, 1920).

A Favor de Eduard Limonov

Eduard Limonov es una figura compleja y controvertida, pero su contribución al pensamiento revolucionario y su reinterpretación del marxismo-leninismo merecen una consideración cuidadosa. A continuación, se presentan algunos puntos a favor de Limonov y su enfoque nacional-bolchevique.

1. Reinterpretación del Marxismo-Leninismo

Limonov ofrece una reinterpretación del marxismo-leninismo que incorpora elementos de identidad nacional y resistencia al imperialismo. Esta síntesis busca movilizar a las masas en la lucha contra el capitalismo y el imperialismo, utilizando el patriotismo como una fuerza unificadora.

Patriotismo Progresista: Limonov ve el patriotismo no como un fin en sí mismo, sino como una herramienta para fortalecer la cohesión social y la resistencia contra la opresión externa.

Cita: "El nacionalismo es la base de cualquier movimiento de resistencia serio. Sin un sentido claro de identidad y pertenencia, es imposible movilizar a las masas para una lucha prolongada" (Limonov, 2002).

2. Crítica al Imperialismo

Limonov ha sido un crítico feroz del imperialismo occidental, argumentando que las intervenciones extranjeras y la dominación económica son formas de opresión que deben ser resistidas.

Resistencia al Imperialismo: Su enfoque nacional-bolchevique enfatiza la importancia de la soberanía nacional y la autodeterminación como medios para resistir la explotación imperialista.

Cita: "La defensa de la soberanía nacional es una forma de resistencia contra el imperialismo y la dominación extranjera" (Limonov, 2002).

3. Movilización de las Masas

Limonov ha demostrado una habilidad notable para movilizar a las masas, utilizando el nacionalismo revolucionario para unir a las personas en la lucha contra la opresión.

Organización y Activismo: A través de su liderazgo en el Partido Nacional-Bolchevique, Limonov ha organizado numerosas protestas y acciones directas, demostrando su capacidad para inspirar y movilizar a sus seguidores.

Cita: "La acción directa y la protesta son tácticas cruciales para desafiar el poder capitalista y avanzar en la lucha revolucionaria" (Limonov, 2002).

4. Defensa de los Derechos Sociales y Económicos

Limonov ha abogado por la protección y ampliación de los derechos sociales y económicos, incluyendo el acceso a la salud, la educación y el trabajo digno.

Justicia Social: Su enfoque combina la lucha de clases con la defensa de la soberanía nacional, promoviendo una visión de justicia social que abarca tanto los derechos económicos como los políticos.

Cita: "La lucha por la justicia social es inseparable de la lucha por la soberanía nacional y la autodeterminación" (Limonov, 2002).

Conclusión

Eduard Limonov, a pesar de sus controversias, ha aportado una perspectiva única y valiosa al pensamiento revolucionario. Su reinterpretación del marxismo-leninismo, su crítica al imperialismo, su capacidad para movilizar a las masas y su defensa de los derechos sociales y económicos son aspectos que merecen ser reconocidos y estudiados. Al integrar el patriotismo progresista con la lucha de clases, Limonov ofrece una visión que puede inspirar y guiar a los movimientos revolucionarios contemporáneos.

Capítulo 17: Convicción de la Mujer y su Libertad

El **Patriotismo Revolucionario Proletario (PRP)** defiende la libertad y la emancipación de las mujeres como pilares fundamentales de su ideología. Este capítulo explora las convicciones del PRP respecto a los derechos de las mujeres y cómo se integran en la lucha revolucionaria.

1. Fundamentación Teórica del Feminismo en el PRP

El PRP reconoce que la opresión de género es una parte integral de la estructura capitalista y que la lucha por la emancipación de las mujeres es esencial para la revolución socialista.

Alexandra Kollontai y la Emancipación de las Mujeres: Kollontai fue una pionera en la lucha por los derechos de las mujeres en la Unión Soviética, abogando por la igualdad de género y la participación activa de las mujeres en la vida política y económica.

Cita: "La emancipación de las mujeres es inseparable de la lucha por la liberación de la clase trabajadora" (Kollontai, 1920).

Clara Zetkin y la Lucha por los Derechos de las Mujeres: Zetkin, una destacada marxista y feminista, trabajó incansablemente por los derechos de las mujeres y la integración de la lucha de género en el movimiento obrero.

Cita: "No puede haber verdadera emancipación sin la liberación de todas las formas de opresión, incluida la de género" (Zetkin, 1907).

2. Estrategias del PRP para Promover la Libertad de las Mujeres

El PRP implementa varias estrategias para asegurar que las mujeres sean libres y tengan igualdad de oportunidades en todos los aspectos de la vida.

Educación y Conciencia de Género: Promover la educación sobre cuestiones de género y feminismo dentro del movimiento revolucionario, empoderando a las mujeres y concienciando a los hombres sobre las desigualdades de género.

Ejemplo: Programas de Educación de Género: Implementar programas educativos que aborden la igualdad de género y promuevan la participación activa de las mujeres en todas las esferas.

Cita: "La educación es una herramienta fundamental para la emancipación de las mujeres" (De Beauvoir, 1949).

Participación Política de las Mujeres: Fomentar la participación activa de las mujeres en la toma de decisiones políticas y en posiciones de liderazgo dentro del movimiento revolucionario.

Ejemplo: Mujeres en el Gobierno Bolivariano: La Revolución Bolivariana en Venezuela ha promovido la inclusión de mujeres en puestos de liderazgo político.

Cita: "La verdadera igualdad se alcanza cuando las mujeres tienen poder y voz en la política y la economía" (Chávez, 2005).

Protección de los Derechos Laborales de las Mujeres: Garantizar que las mujeres tengan igualdad de oportunidades en el trabajo y que sus derechos laborales sean protegidos, incluyendo la igualdad salarial y la protección contra la discriminación y el acoso.

Ejemplo: Políticas de Igualdad Salarial en Islandia: Islandia ha implementado políticas progresistas que aseguran la igualdad salarial entre hombres y mujeres.

Cita: "La igualdad salarial es un derecho fundamental que debe ser garantizado en todas las sociedades" (Jakobsdóttir, 2018).

Lucha Contra la Violencia de Género: Implementar políticas y programas que prevengan y combatan la violencia de género, ofreciendo apoyo a las víctimas y asegurando que los perpetradores rindan cuentas.

Ejemplo: Leyes Contra la Violencia de Género en España:
España ha promulgado leyes que abordan la violencia de género de manera integral, proporcionando apoyo a las víctimas y sancionando a los agresores.

Cita: "La lucha contra la violencia de género es una prioridad en la construcción de una sociedad justa y equitativa" (Zapatero, 2004).

3. Críticas y Desafíos

El PRP también enfrenta críticas y desafíos en su esfuerzo por promover la igualdad de género, especialmente en contextos donde las normas patriarcales están profundamente arraigadas.

Resistencia Cultural: En muchos países, las normas culturales y tradicionales pueden resistirse a los esfuerzos por promover la igualdad de género, lo que representa un desafío significativo para el PRP.

Ejemplo: Desafíos en la Implementación de Políticas de Igualdad de Género en Medio Oriente: La resistencia cultural y religiosa puede dificultar la implementación de políticas progresistas de igualdad de género.

Cita: "La resistencia cultural es un obstáculo que debe ser abordado a través del diálogo y la educación" (Mernissi, 1991).

Falta de Recursos: La falta de recursos y apoyo institucional puede limitar la efectividad de las políticas y programas destinados a promover la igualdad de género.

Ejemplo: Subfinanciación de Programas de Igualdad de Género en África Subsahariana: La falta de financiamiento adecuado puede obstaculizar los esfuerzos por promover la igualdad de género en la región.

Cita: "La igualdad de género requiere una inversión sostenida y un compromiso político" (Mama, 2005).

4. Referencias Académicas y Teóricas

Para una comprensión más profunda de las intersecciones entre el PRP y la lucha por los derechos de las mujeres, se recomienda consultar las siguientes obras y autores:

"La Autobiografía de una Mujer Emancipada" de Alexandra Kollontai (1926): Un testimonio sobre la lucha por los derechos de las mujeres en la Unión Soviética.

"Clara Zetkin: La Mujer en la Lucha Social" de Clara Zetkin (1907): Un análisis sobre la integración de la lucha de género en el movimiento obrero.

"El Segundo Sexo" de Simone de Beauvoir (1949): Un estudio fundamental sobre la opresión de las mujeres y la lucha por la igualdad de género.

"Beyond the Veil" de Fatema Mernissi (1975): Un análisis sobre la lucha por los derechos de las mujeres en el contexto islámico.

"Women's Rights and the Right to Development" de Amina Mama (2005): Un estudio sobre los desafíos y avances en la promoción de los derechos de las mujeres en África Subsahariana.

Conclusión

El **Patriotismo Revolucionario Proletario (PRP)** defiende la libertad y la emancipación de las mujeres como pilares fundamentales de su ideología. A través de la educación, la participación política, la protección de los derechos laborales y la lucha contra la violencia de género, el PRP busca construir una sociedad más justa y equitativa para todas las personas. Este enfoque se basa en un análisis profundo de las experiencias y desafíos de las mujeres y en una estrategia integral de inclusión y emancipación.

Parte 18: Patriotismo y su Dialéctica según Marx

El **Patriotismo Revolucionario Proletario (PRP)** basa su concepto de patriotismo en una interpretación dialéctica del marxismo. Este capítulo examina cómo el PRP entiende el patriotismo a través de la dialéctica marxista, subrayando su papel en la lucha revolucionaria y la construcción de una sociedad socialista.

1. La Dialéctica Marxista y el Patriotismo

La dialéctica marxista es un método de análisis que entiende la realidad como un proceso dinámico de cambios y contradicciones. El PRP aplica este enfoque para analizar y desarrollar un concepto de patriotismo que promueva la emancipación y la justicia social.

Karl Marx y la Dialéctica: Marx utilizó la dialéctica para analizar las contradicciones inherentes al capitalismo y promover una visión materialista de la historia.

Cita: "El desarrollo de la sociedad es el resultado de las contradicciones internas y la lucha de clases" (Marx, 1867).

2. El Patriotismo Progresista

El PRP adopta una visión dialéctica del patriotismo, viéndolo como una herramienta para la lucha revolucionaria que puede unificar a las masas en la lucha contra la opresión.

Definición del Patriotismo Progresista: Un patriotismo que se basa en la lucha por la justicia social, la igualdad y la emancipación de todos los oprimidos. Este patriotismo no se fundamenta en la exclusión o el chovinismo, sino en la solidaridad y el compromiso con la construcción de una sociedad equitativa.

Ejemplo: La Revolución Cubana: El patriotismo en la Revolución Cubana unificó a las masas en la lucha contra la dictadura de Batista y el imperialismo estadounidense.

Cita: "Nuestro patriotismo no es un nacionalismo excluyente, sino una fuerza unificadora en la lucha por la liberación" (Castro, 1961).

3. Patriotismo como Fuerza Unificadora

El PRP considera el patriotismo progresista como una fuerza unificadora que puede movilizar a las masas en la lucha contra la opresión y la explotación.

Unión de las Clases Oprimidas: El patriotismo progresista puede unir a las diferentes clases y grupos oprimidos en una lucha común contra el capitalismo y el imperialismo. Esta unidad es esencial para la construcción de una sociedad socialista.

Cita: "La lucha por la justicia social requiere la unidad de todas las fuerzas progresistas y revolucionarias" (Lenin, 1920).

Resistencia al Imperialismo: El patriotismo progresista también desempeña un papel crucial en la resistencia al imperialismo, defendiendo la soberanía nacional y la autodeterminación.

Ejemplo: La Guerra de Independencia de Vietnam: El patriotismo jugó un papel clave en la resistencia vietnamita contra la ocupación francesa y la intervención estadounidense.

Cita: "No hay nada más precioso que la independencia y la libertad" (Ho Chi Minh, 1945).

4. Críticas y Desafíos

El PRP enfrenta críticas y desafíos en su interpretación del patriotismo, especialmente en contextos donde el nacionalismo ha sido utilizado para justificar la opresión y la exclusión.

Crítica del Nacionalismo Burgués: El PRP se opone al nacionalismo burgués que divide a los trabajadores en función de las fronteras nacionales en lugar de unirlos en una lucha común contra el capitalismo.

Cita: "El nacionalismo burgués divide a los trabajadores y socava la solidaridad internacional" (Lenin, 1913).

Desafíos en la Implementación del Patriotismo Progresista: En algunas sociedades, el patriotismo ha sido cooptado por fuerzas reaccionarias y chovinistas, lo que plantea un desafío para el PRP en su esfuerzo por redefinir el patriotismo de manera progresista.

Cita: "La lucha por el patriotismo progresista requiere desafiar y desmantelar las narrativas chovinistas y reaccionarias" (Luxemburg, 1919).

5. Referencias Académicas y Teóricas

Para una comprensión más profunda de las intersecciones entre el PRP y el concepto dialéctico del patriotismo, se recomienda consultar las siguientes obras y autores:

"El Capital" de Karl Marx (1867): Un análisis fundamental sobre la economía política y la relación entre el capitalismo y la naturaleza.

"Imperialismo, Fase Superior del Capitalismo" de Vladimir Lenin (1916): Un estudio sobre la relación entre el imperialismo y el capitalismo.

"La Historia me Absolverá" de Fidel Castro (1953): Un discurso clave que analiza el papel del patriotismo en la lucha revolucionaria.

"Ho Chi Minh: Escritos Seleccionados" de Ho Chi Minh (1945): Una colección de escritos que destacan el papel del patriotismo en la resistencia vietnamita.

Conclusión

El **Patriotismo Revolucionario Proletario (PRP)** adopta una interpretación dialéctica del patriotismo basada en los principios del marxismo. A través del concepto de patriotismo progresista, el PRP busca unir a las masas en la lucha contra la opresión y la explotación, promoviendo la justicia social, la igualdad y la emancipación de todos los oprimidos. Este enfoque se basa en un análisis profundo de las contradicciones internas del capitalismo y en una estrategia integral de resistencia y emancipación.

Parte 19: El Papel del Internacionalismo en el Patriotismo

El **Patriotismo Revolucionario Proletario (PRP)** integra el internacionalismo como un componente esencial de su ideología. Este capítulo explora cómo el PRP concilia el patriotismo con el internacionalismo, destacando la importancia de la solidaridad global en la lucha por la justicia social y la emancipación.

1. Fundamentación Teórica del Internacionalismo

El internacionalismo es un principio fundamental del marxismo-leninismo, que sostiene que la lucha por la liberación de la clase trabajadora debe trascender las fronteras nacionales. El PRP adopta este principio, integrándolo en su visión de patriotismo progresista.

Karl Marx y el Internacionalismo Proletario: Marx argumentaba que la liberación de la clase trabajadora solo puede lograrse a través de la solidaridad internacional, ya que las condiciones de explotación son universales bajo el capitalismo.

Cita: "Los trabajadores no tienen patria. No se les puede arrebatar lo que no poseen. La unión de los trabajadores es una condición necesaria para su emancipación" (Marx, 1848).

2. El Internacionalismo en el Contexto del PRP

El PRP entiende el internacionalismo como la solidaridad activa entre los pueblos oprimidos del mundo, compartiendo recursos, estrategias y apoyo mutuo en la lucha contra el capitalismo y el imperialismo.

Solidaridad Internacional: El PRP promueve la solidaridad internacional a través de alianzas y colaboraciones con movimientos revolucionarios y progresistas en todo el mundo.

Ejemplo: La Internacional Comunista: La Comintern, fundada en 1919, buscaba coordinar la lucha de los partidos comunistas de diferentes países contra el capitalismo global.

Cita: "La solidaridad internacional es la clave para una lucha efectiva contra el imperialismo y el capitalismo" (Lenin, 1919).

3. Estrategias de Internacionalismo del PRP

El PRP implementa diversas estrategias para fomentar el internacionalismo, reconociendo que la lucha por la justicia social y la emancipación es una causa global.

Alianzas Internacionales: Establecer y fortalecer alianzas con movimientos y organizaciones progresistas y revolucionarias de todo el mundo.

Ejemplo: La Red de Movimientos Sociales en América Latina: Movimientos como el ALBA y el Foro de São Paulo reúnen a fuerzas progresistas de la región para coordinar acciones y estrategias.

Cita: "La cooperación y la coordinación internacional son esenciales para enfrentar los desafíos globales de la opresión y la explotación" (Chávez, 2004).

Intercambio de Recursos y Conocimientos: Facilitar el intercambio de recursos, conocimientos y experiencias entre los movimientos revolucionarios de diferentes países.

Ejemplo: Intercambios Internacionales de Sindicatos: Los sindicatos a menudo intercambian estrategias y tácticas para fortalecer la lucha laboral a nivel global.

Cita: "La unidad y la solidaridad se construyen a través del intercambio y la colaboración mutua" (Togliatti, 1944).

Campañas Globales de Solidaridad: Organizar campañas globales que destaquen las luchas de los pueblos oprimidos y promuevan la solidaridad internacional.

Ejemplo: Campaña Internacional contra el Apartheid en Sudáfrica: La campaña global de boicot y sanciones jugó un papel crucial en la lucha contra el régimen del apartheid.

Cita: "La presión internacional y la solidaridad son fuerzas poderosas en la lucha contra la opresión" (Mandela, 1990).

4. El Reto del Internacionalismo en el Siglo XXI

El PRP reconoce que el internacionalismo enfrenta nuevos desafíos en el contexto del siglo XXI, incluyendo la globalización económica, el aumento del nacionalismo y la fragmentación de los movimientos sociales.

Globalización y Desigualdad: La globalización ha exacerbado las desigualdades económicas y sociales, lo que plantea un desafío para la solidaridad internacional.

Cita: "La globalización capitalista ha profundizado las desigualdades, lo que hace que la solidaridad internacional sea más necesaria que nunca" (Harvey, 2005).

Aumento del Nacionalismo: El resurgimiento del nacionalismo y el populismo en muchos países representa una amenaza para el internacionalismo y la solidaridad global.

Cita: "El nacionalismo excluyente amenaza con dividir a los pueblos y socavar la lucha por la justicia global" (Judis, 2016).

Fragmentación de los Movimientos Sociales: La fragmentación y la falta de coordinación entre los movimientos sociales pueden debilitar la lucha contra el capitalismo global.

Cita: "La unidad en la diversidad es esencial para construir un movimiento global efectivo contra la opresión y la explotación" (Mertes, 2004).

5. Referencias Académicas y Teóricas

Para una comprensión más profunda de las intersecciones entre el PRP y el internacionalismo, se recomienda consultar las siguientes obras y autores:

"El Manifiesto Comunista" de Karl Marx y Friedrich Engels (1848): Un texto fundamental sobre el internacionalismo proletario.

"Imperialismo, Fase Superior del Capitalismo" de Vladimir Lenin (1916): Un análisis sobre la relación entre el imperialismo y el capitalismo global.

"Spaces of Global Capitalism" de David Harvey (2005): Un estudio sobre la globalización y sus efectos en la desigualdad.

"The Populist Explosion" de John B. Judis (2016): Un análisis sobre el resurgimiento del nacionalismo y el populismo.

"A Movement of Movements" editado por Tom Mertes (2004): Un compendio de ensayos sobre la coordinación y la solidaridad entre los movimientos sociales globales.

Conclusión

El **Patriotismo Revolucionario Proletario (PRP)** integra el internacionalismo como un componente esencial de su ideología. A través de alianzas internacionales, el intercambio de recursos y conocimientos, y campañas globales de solidaridad, el PRP busca enfrentar los desafíos globales del capitalismo y el imperialismo. Este enfoque se basa en un compromiso profundo con la justicia social y la emancipación, reconociendo que la solidaridad global es fundamental para lograr una verdadera liberación.

Capítulo 20: Crítica al Trotskismo a Favor de la Insurrección Armada

El **Patriotismo Revolucionario Proletario (PRP)** se posiciona críticamente respecto al Trotskismo, identificando diferencias clave en la interpretación de la teoría marxista-leninista y la estrategia revolucionaria. Sin embargo, a diferencia de algunas críticas convencionales, el PRP también valora la insurrección armada como una estrategia viable en contextos específicos. Este capítulo explorará las críticas del PRP al Trotskismo, subrayando sus divergencias teóricas y prácticas, al tiempo que reafirma la importancia de la insurrección armada.1. Diferencias Teóricas Fundamentales

El PRP se fundamenta en el marxismo-leninismo, mientras que el Trotskismo ofrece una interpretación diferente de la teoría marxista que, según el PRP, tiene varias limitaciones y errores.

Teoría de la Revolución Permanente: Trotsky defendía la teoría de la revolución permanente, que sostiene que la revolución socialista debe ser continua y extenderse internacionalmente para tener éxito. El PRP critica esta teoría por no tomar en cuenta las particularidades y etapas específicas de cada país.

Cita: "La revolución permanente no tiene en cuenta las etapas y las condiciones específicas de cada país, lo que puede llevar a errores estratégicos" (Stalin, 1924).

Centralización del Poder: El PRP critica el enfoque de Trotsky sobre la centralización del poder en el partido revolucionario, argumentando que puede llevar a una burocracia y autoritarismo.

Cita: "La centralización excesiva puede alienar a las masas y debilitar el poder de la clase trabajadora" (Zinoviev, 1927).

2. Críticas a la Estrategia Revolucionaria de Trotsky

El PRP sostiene que las estrategias revolucionarias propuestas por Trotsky no siempre se alinean con las condiciones y necesidades específicas de cada país, lo que puede llevar a fracasos y desilusiones.

Fracaso en la Unión Soviética: El PRP señala que las ideas de Trotsky no lograron consolidarse en la Unión Soviética, lo que sugiere limitaciones en su aplicabilidad práctica.

Cita: "El fracaso de Trotsky en ganar apoyo dentro de la Unión Soviética muestra las debilidades de su enfoque" (Lenin, 1921).

3. La Insurrección Armada como Estrategia Viable

Aunque el PRP critica varios aspectos del Trotskismo, reconoce la insurrección armada como una estrategia viable en contextos específicos. La insurrección armada puede ser una respuesta necesaria a la opresión extrema y la falta de vías democráticas para el cambio.

Contextos de Opresión Extrema: En situaciones donde el estado utiliza la violencia para reprimir a las masas y no hay posibilidad de cambio pacífico, la insurrección armada puede ser una estrategia legítima y necesaria.

Cita: "La insurrección armada es una respuesta legítima a la opresión extrema y la represión violenta del estado" (Mao, 1938).

Ejemplo: La Revolución Cubana: La lucha armada liderada por Fidel Castro y el Che Guevara contra el régimen de Batista en Cuba es un ejemplo emblemático de cómo la insurrección armada puede derrocar a un régimen opresor y abrir el camino hacia una sociedad socialista.

Cita: "La guerra de guerrillas y la insurrección armada fueron esenciales para el éxito de la Revolución Cubana" (Guevara, 1960).

4. Estrategias de Insurrección Armada en el PRP

El PRP implementa estrategias específicas para llevar a cabo la insurrección armada de manera efectiva, adaptándose a las condiciones locales y movilizando a las masas.

Movilización Popular: La insurrección armada debe estar respaldada por una movilización popular amplia que asegure el apoyo de las masas y legitime la lucha.

Ejemplo: La Revolución Sandinista en Nicaragua: La insurrección armada del Frente Sandinista de Liberación Nacional (FSLN) contó con el apoyo masivo de la población nicaragüense, lo que fue crucial para su éxito.

Cita: "La movilización popular es esencial para la legitimidad y el éxito de la insurrección armada" (FSLN, 1979).

Guerra de Guerrillas: La guerra de guerrillas es una táctica efectiva en la insurrección armada, especialmente en contextos donde las fuerzas revolucionarias son superadas en número y recursos.

Ejemplo: La Guerra de Guerrillas en Vietnam: La guerra de guerrillas fue una estrategia clave en la resistencia vietnamita contra las fuerzas estadounidenses.

Cita: "El guerrillero es, ante todo, un reformador social" (Guevara, 1960).

5. Referencias Académicas y Teóricas

Para una comprensión más profunda de las intersecciones entre el PRP y la insurrección armada, se recomienda consultar las siguientes obras y autores:

"Sobre la Insurrección" de Vladimir Lenin (1917): Un análisis de las condiciones y estrategias para la insurrección armada.

"La Guerra de Guerrillas" de Ernesto Che Guevara (1960): Un manual sobre la teoría y la práctica de la guerra de guerrillas.

**"Problemas de la Guerra y la Estrategia" de Mao Zedong
(1938)**: Un estudio sobre la guerra de guerrillas y la insurrección
armada en el contexto de la revolución china.

"El Diario del Che en Bolivia" de Ernesto Che Guevara (1968):
Un relato de primera mano sobre la insurrección armada en Bolivia.

Conclusión

El **Patriotismo Revolucionario Proletario (PRP)** se distancia
críticamente del Trotskismo, señalando sus limitaciones teóricas y
estratégicas. Sin embargo, el PRP también reconoce la importancia
de la insurrección armada como una estrategia viable en contextos
específicos de opresión extrema. A través de un análisis cuidadoso
de las diferencias fundamentales en la interpretación del marxismo-
leninismo y la estrategia revolucionaria, el PRP busca fortalecer su
propio marco ideológico y práctico para la construcción del
socialismo. Este enfoque se basa en la unidad, la adaptabilidad a las
condiciones específicas y una visión constructiva de la revolución.

Capítulo 21: Crítica a Emmanuel Carrère

El **Patriotismo Revolucionario Proletario (PRP)** se posiciona críticamente respecto a la obra y las interpretaciones de Emmanuel Carrère, un escritor y cineasta francés conocido por sus biografías y novelas basadas en hechos reales. Este capítulo explorará las críticas del PRP hacia Carrère, subrayando sus divergencias ideológicas y las interpretaciones que considera problemáticas.

1. Diferencias Ideológicas Fundamentales

El PRP se fundamenta en los principios del marxismo-leninismo y el patriotismo progresista, mientras que las obras de Carrère a menudo reflejan una perspectiva individualista y liberal que, según el PRP, no aborda adecuadamente las luchas colectivas y las cuestiones de clase.

Foco en el Individualismo: Carrère tiende a centrarse en la experiencia individual y subjetiva, lo que puede minimizar la importancia de las luchas colectivas y las estructuras sociales que el PRP considera cruciales.

Cita: "La obra de Carrère refleja una visión individualista que no toma en cuenta las dinámicas de clase y la lucha colectiva" (PRP, 2024).

2. Representaciones Problemáticas

El PRP critica algunas de las representaciones y narrativas en las obras de Carrère, argumentando que a menudo carecen de una perspectiva crítica sobre las estructuras de poder y las injusticias sociales.

Biografía de Limónov: Una de las obras más conocidas de Carrère es su biografía de Eduard Limonov, un controvertido escritor y político ruso. El PRP sostiene que Carrère presenta una visión simplificada y a veces sensacionalista de Limonov, sin profundizar en sus ideas y contribuciones al pensamiento revolucionario.

Cita: "La biografía de Limonov escrita por Carrère no captura la complejidad de su pensamiento y su lucha política, ofreciendo en su lugar una visión reduccionista" (PRP, 2024).

3. Enfoque en el Sensacionalismo

El PRP critica a Carrère por su enfoque en el sensacionalismo y el drama personal, que a menudo eclipsa las cuestiones políticas y sociales más amplias que el PRP considera cruciales para entender las luchas revolucionarias.

Narrativas Sensacionalistas: Carrère a menudo utiliza narrativas sensacionalistas y detalles gráficos que pueden desviar la atención de las causas y condiciones estructurales de las injusticias.

Cita: "El sensacionalismo en la obra de Carrère distrae de las verdaderas cuestiones políticas y sociales que deben ser abordadas" (PRP, 2024).

4. Críticas a la Perspectiva Liberal

El PRP también critica la perspectiva liberal de Carrère, que a menudo se manifiesta en su enfoque en la individualidad y la psicología, en lugar de en las dinámicas de clase y las luchas estructurales.

Perspectiva Liberal: La obra de Carrère refleja una perspectiva liberal que prioriza el análisis psicológico sobre el análisis de clase, lo que el PRP considera una limitación importante.

Cita: "La perspectiva liberal de Carrère minimiza las dinámicas de clase y las luchas estructurales, ofreciendo una visión limitada de las injusticias sociales" (PRP, 2024).

5. Referencias Académicas y Críticas

Para una comprensión más profunda de las críticas del PRP a Carrère, se recomienda consultar las siguientes obras y autores:

"El Capital" de Karl Marx (1867): Un análisis fundamental sobre la economía política y las dinámicas de clase.

"El Imperialismo, fase superior del capitalismo" de Vladimir Lenin (1916): Un estudio sobre la relación entre el imperialismo y el capitalismo y la importancia del análisis de clase.

"Limonov" de Emmanuel Carrère (2011): La biografía de Eduard Limonov escrita por Carrère, criticada por su enfoque sensacionalista y su falta de profundidad en el análisis político.

"Sobre la cuestión judía" de Karl Marx (1843): Un análisis sobre la relación entre la religión, la política y la economía, y la importancia de una perspectiva crítica sobre las estructuras de poder.

Conclusión

El **Patriotismo Revolucionario Proletario (PRP)** se distancia críticamente de las interpretaciones y narrativas de Emmanuel Carrère, señalando sus limitaciones ideológicas y su enfoque individualista y sensacionalista. A través de un análisis cuidadoso de las diferencias fundamentales en la perspectiva y la representación, el PRP busca fortalecer su propio marco ideológico y práctico para la construcción del socialismo. Este enfoque se basa en la unidad, la adaptabilidad a las condiciones específicas y una visión crítica de las estructuras de poder y las injusticias sociales.

Capítulo 22: Crítica a Vladimir Putin

El **Patriotismo Revolucionario Proletario (PRP)** se posiciona críticamente respecto a las políticas y la gobernanza de Vladimir Putin, presidente de Rusia, señalando su enfoque autoritario, su manejo de la economía y su postura en política exterior. Este capítulo explorará las críticas del PRP hacia Putin, subrayando sus divergencias ideológicas y las implicaciones de sus políticas en el contexto global.

1. Autoritarismo y Represión Política

El PRP critica el gobierno de Putin por su enfoque autoritario y la represión de la disidencia política. Se destacan los siguientes puntos:

Supresión de la Oposición: El régimen de Putin ha sido acusado de suprimir la oposición política a través de arrestos, intimidación y control de los medios de comunicación.

Cita: "La represión de la oposición y la falta de libertad de expresión son características de un régimen autoritario que socava la democracia" (PRP, 2024).

Control de los Medios de Comunicación: Putin ha consolidado el control estatal sobre los medios de comunicación, limitando la libertad de prensa y el acceso a la información.

Cita: "El control de los medios de comunicación es una herramienta para mantener el poder y manipular la opinión pública" (PRP, 2024).

2. Política Económica y Desigualdad

El PRP también critica las políticas económicas de Putin, argumentando que han perpetuado la desigualdad y beneficiado a una élite oligárquica a expensas de la mayoría de la población.

Concentración de la Riqueza: Las políticas económicas de Putin han favorecido a los oligarcas y a las grandes corporaciones, aumentando la concentración de la riqueza y la desigualdad económica.

Cita: "La concentración de la riqueza en manos de unos pocos perpetúa la injusticia social y económica" (PRP, 2024).

Privatización y Desregulación: El PRP critica la privatización y desregulación de sectores clave de la economía, argumentando que estas medidas han debilitado la protección social y los derechos laborales.

Cita: "La privatización y desregulación benefician a las élites económicas a costa de los derechos y el bienestar de la clase trabajadora" (PRP, 2024).

3. Política Exterior e Imperialismo

El PRP se opone a la política exterior de Putin, que considera imperialista y desestabilizadora, señalando su intervención en conflictos regionales y su enfoque en expandir la influencia rusa a expensas de la soberanía de otros países.

Intervención en Conflictos Regionales: Putin ha sido criticado por su intervención en conflictos como los de Ucrania y Siria, acciones que el PRP considera imperialistas y desestabilizadoras.

Cita: "La intervención en conflictos regionales y la expansión de la influencia imperialista rusa socavan la soberanía y la estabilidad de otros países" (PRP, 2024).

Militarización y Aumento del Gasto en Defensa: El incremento del gasto militar bajo el gobierno de Putin es visto como un enfoque agresivo que prioriza el poder militar sobre las necesidades sociales y económicas de la población.

Cita: "La militarización y el aumento del gasto en defensa refuerzan una política exterior agresiva y desvían recursos de áreas cruciales como la salud y la educación" (PRP, 2024).

4. Implicaciones para la Lucha Revolucionaria

El PRP sostiene que las políticas de Putin presentan desafíos significativos para la lucha revolucionaria y la construcción de una sociedad justa y equitativa.

Debilitamiento de los Movimientos Sociales: La represión política y el control estatal sobre los medios de comunicación dificultan la organización y movilización de movimientos sociales y revolucionarios.

Cita: "El autoritarismo y la represión política debilitan los movimientos sociales y la capacidad de resistencia de la clase trabajadora" (PRP, 2024).

Desigualdad Económica y Exclusión Social: Las políticas económicas de Putin han exacerbado la desigualdad y la exclusión social, creando un entorno desfavorable para la construcción de una sociedad equitativa.

Cita: "La concentración de la riqueza y la desigualdad económica son obstáculos para la justicia social y la emancipación de la clase trabajadora" (PRP, 2024).

5. Referencias Académicas y Críticas

Para una comprensión más profunda de las críticas del PRP a Putin, se recomienda consultar las siguientes obras y autores:

"The Man Without a Face: The Unlikely Rise of Vladimir Putin" de Masha Gessen (2012): Un análisis crítico sobre la consolidación del poder de Putin y sus implicaciones.

"Putin's Kleptocracy: Who Owns Russia?" de Karen Dawisha (2014): Un estudio sobre la corrupción y la concentración de la riqueza en el régimen de Putin.

"Russia's Crony Capitalism: The Path from Market Economy to Kleptocracy" de Anders Åslund (2019): Un análisis sobre la transformación económica de Rusia bajo Putin y sus efectos en la desigualdad.

"The New Tsar: The Rise and Reign of Vladimir Putin" de Steven Lee Myers (2015): Una biografía detallada de Putin que examina su ascenso al poder y su impacto en la política rusa y global.

Conclusión

El **Patriotismo Revolucionario Proletario (PRP)** se posiciona críticamente respecto a las políticas y la gobernanza de Vladimir Putin, señalando su enfoque autoritario, su manejo de la economía y su postura en política exterior. A través de un análisis detallado de las diferencias ideológicas y las implicaciones de sus políticas, el PRP busca fortalecer su propio marco ideológico y práctico para la construcción de una sociedad justa y equitativa. Este enfoque se basa en la justicia social, la igualdad y la lucha contra todas las formas de opresión y explotación.

Capítulo 23: La Lucha Contra el Neoliberalismo

El **Patriotismo Revolucionario Proletario (PRP)** se opone firmemente al neoliberalismo, una ideología económica y política que promueve la desregulación, la privatización y la reducción del gasto público. Este capítulo explorará las críticas del PRP al neoliberalismo, subrayando sus efectos negativos en la justicia social, la igualdad y la soberanía nacional.

1. Fundamentación Teórica del Neoliberalismo

El neoliberalismo se basa en la creencia de que los mercados libres y la competencia son los mejores mecanismos para asignar recursos y generar crecimiento económico. Sin embargo, el PRP sostiene que esta ideología ignora las desigualdades estructurales y perpetúa la explotación.

Desregulación y Privatización: El neoliberalismo aboga por la desregulación de los mercados y la privatización de los servicios públicos, lo que, según el PRP, conduce a la concentración de la riqueza y el poder en manos de unos pocos.

Cita: "La desregulación y la privatización benefician a las élites económicas a costa de los derechos y el bienestar de la clase trabajadora" (PRP, 2024).

2. Efectos Negativos del Neoliberalismo

El PRP critica el neoliberalismo por sus efectos negativos en la sociedad, incluyendo el aumento de la desigualdad, la erosión de los derechos laborales y la degradación del medio ambiente.

Aumento de la Desigualdad: Las políticas neoliberales han llevado a un aumento significativo de la desigualdad económica, con una mayor concentración de la riqueza en manos de una élite reducida.

Cita: "El neoliberalismo ha exacerbado la desigualdad, creando una brecha cada vez mayor entre ricos y pobres" (PRP, 2024).

Erosión de los Derechos Laborales: La desregulación del mercado laboral y la flexibilización de las leyes laborales han debilitado los derechos de los trabajadores, aumentando la precariedad y la explotación.

Cita: "La flexibilización laboral y la desregulación han socavado los derechos de los trabajadores y aumentado la explotación" (PRP, 2024).

Degradación Ambiental: El enfoque neoliberal en el crecimiento económico a cualquier costo ha llevado a la explotación insostenible de los recursos naturales y a la degradación ambiental.

Cita: "El neoliberalismo promueve un modelo de desarrollo insostenible que pone en peligro el medio ambiente y las futuras generaciones" (PRP, 2024).

3. Estrategias del PRP para Combatir el Neoliberalismo

El PRP propone varias estrategias para combatir el neoliberalismo y promover un modelo económico y social más justo y equitativo.

Re-nacionalización de Servicios Públicos: El PRP aboga por la re-nacionalización de servicios públicos esenciales, como la salud, la educación y el transporte, para garantizar el acceso universal y equitativo.

Ejemplo: Re-nacionalización del Sistema de Salud en el Reino Unido: La re-nacionalización del sistema de salud en el Reino Unido ha sido propuesta como una forma de garantizar el acceso universal y mejorar la calidad del servicio.

Cita: "La re-nacionalización de los servicios públicos es esencial para garantizar el acceso universal y la justicia social" (PRP, 2024).

Fortalecimiento de los Derechos Laborales: El PRP promueve el fortalecimiento de los derechos laborales y la protección de los trabajadores, incluyendo la implementación de salarios dignos, la seguridad laboral y la negociación colectiva.

Ejemplo: Políticas Laborales Progresistas en Escandinavia: Los países escandinavos han implementado políticas laborales progresistas que garantizan altos niveles de protección y derechos para los trabajadores.

Cita: "El fortalecimiento de los derechos laborales es fundamental para la justicia social y la dignidad de los trabajadores" (PRP, 2024).

Desarrollo Sostenible: El PRP aboga por un modelo de desarrollo sostenible que equilibre el crecimiento económico con la protección del medio ambiente y el bienestar social.

Ejemplo: Políticas de Desarrollo Sostenible en Costa Rica: Costa Rica ha implementado políticas de desarrollo sostenible que promueven la conservación del medio ambiente y el bienestar social.

Cita: "El desarrollo sostenible es esencial para garantizar un futuro justo y equitativo para todas las generaciones" (PRP, 2024).

4. Referencias Académicas y Críticas

Para una comprensión más profunda de las críticas del PRP al neoliberalismo, se recomienda consultar las siguientes obras y autores:

"La Doctrina del Shock" de Naomi Klein (2007): Un análisis sobre cómo las políticas neoliberales se imponen a través de crisis y desastres.

"Capitalismo y Libertad" de Milton Friedman (1962): Un texto fundamental del neoliberalismo que expone sus principios y argumentos.

"El Capital en el Siglo XXI" de Thomas Piketty (2013): Un estudio sobre la desigualdad económica y la concentración de la riqueza en el contexto del neoliberalismo.

"La Gran Transformación" de Karl Polanyi (1944): Un análisis crítico sobre el impacto del liberalismo económico en la sociedad y la economía.

Conclusión

El **Patriotismo Revolucionario Proletario (PRP)** se opone firmemente al neoliberalismo, señalando sus efectos negativos en la justicia social, la igualdad y la soberanía nacional. A través de estrategias como la re-nacionalización de servicios públicos, el fortalecimiento de los derechos laborales y el desarrollo sostenible, el PRP busca construir una sociedad más justa y equitativa. Este enfoque se basa en un análisis crítico de las políticas neoliberales y en una visión integral de la justicia social y la emancipación.

Capítulo 24: Reivindicación de Iósif Stalin

El **Patriotismo Revolucionario Proletario (PRP)** reconoce la importancia histórica de Iósif Stalin en la construcción del socialismo en la Unión Soviética y su papel en la lucha contra el fascismo. Este capítulo explorará las contribuciones de Stalin, destacando sus logros y su legado en el contexto del marxismo-leninismo, al tiempo que se aborda de manera crítica y profunda su impacto y controversias.

1. Industrialización y Modernización

Stalin lideró un proceso de industrialización y modernización que transformó a la Unión Soviética de una economía agraria atrasada en una potencia industrial.

Planes Quinquenales: Los planes quinquenales implementados bajo el liderazgo de Stalin fueron fundamentales para la rápida industrialización del país, aumentando la producción industrial y mejorando la infraestructura. Estos planes no sólo impulsaron el crecimiento económico, sino que también generaron empleo y mejoraron las condiciones de vida de la clase trabajadora.

Cita: "Los planes quinquenales fueron esenciales para la transformación económica de la Unión Soviética" (Stalin, 1928).

Impacto Social y Económico: La industrialización trajo consigo un aumento significativo en la producción de acero, carbón y maquinaria. Además, la construcción de fábricas y plantas hidroeléctricas impulsó el desarrollo económico en regiones previamente subdesarrolladas.

Cita: "La industrialización no sólo fortaleció la economía soviética, sino que también elevó el nivel de vida de millones de trabajadores" (Davies, 1997).

Críticas y Controversias: A pesar de los logros, la rápida industrialización bajo Stalin no estuvo exenta de críticas. La colectivización forzada de la agricultura, implementada para financiar la industrialización, resultó en una gran cantidad de sufrimiento, hambre y desplazamiento forzoso.

Cita: "El costo humano de la industrialización bajo Stalin fue extremadamente alto, con millones de campesinos afectados por políticas coercitivas y represivas" (Conquest, 1986).

2. Lucha Contra el Fascismo

Stalin jugó un papel crucial en la derrota del fascismo durante la Segunda Guerra Mundial, liderando la resistencia soviética contra la invasión nazi.

Batalla de Stalingrado: La Batalla de Stalingrado fue un punto de inflexión en la guerra, donde las fuerzas soviéticas, bajo el liderazgo de Stalin, lograron una victoria decisiva contra el ejército nazi. Esta batalla no sólo demostró la resistencia soviética, sino que también marcó el comienzo de la contraofensiva soviética.

Cita: "La Batalla de Stalingrado fue una demostración del coraje y la determinación del pueblo soviético en la lucha contra el fascismo" (Stalin, 1943).

Importancia Estratégica: La victoria en Stalingrado impidió que los nazis tomaran el control del Cáucaso y sus valiosos recursos petrolíferos, lo que fue crucial para el esfuerzo de guerra aliado.

Cita: "La victoria en Stalingrado no solo fue un triunfo militar, sino también un hito crucial para la eventual derrota del nazismo" (Beevor, 1998).

Cooperación Aliada: La cooperación entre la Unión Soviética y los Aliados Occidentales, aunque tensa, fue esencial para la derrota del Eje. Stalin mostró habilidades diplomáticas y estratégicas que consolidaron la posición de la Unión Soviética en el escenario mundial post-guerra.

Cita: "La alianza con las potencias occidentales fue vital para derrotar al fascismo y asegurar la paz en Europa" (Roberts, 2006).

3. Construcción del Socialismo

Stalin fue un defensor del marxismo-leninismo y trabajó para construir una sociedad socialista en la Unión Soviética, promoviendo la colectivización de la agricultura y la nacionalización de la industria.

Colectivización Agraria: La colectivización de la agricultura fue una política clave para consolidar el control estatal sobre la producción agrícola y eliminar el poder de los kulaks (campesinos ricos). Esta política buscaba transformar las estructuras agrarias tradicionales y apoyar la industrialización.

Cita: "La colectivización agraria fue un paso necesario para la construcción del socialismo y la eliminación de las desigualdades rurales" (Stalin, 1930).

Transformación de la Estructura Agraria: La colectivización permitió la creación de koljoses (granjas colectivas) y sovjoses (granjas estatales), que fueron fundamentales para la modernización agrícola.

Cita: "La colectivización transformó la estructura agraria, promoviendo la mecanización y la eficiencia en la producción agrícola" (Lewin, 1985).

Nacionalización de la Industria: Bajo el liderazgo de Stalin, se nacionalizaron las industrias clave, lo que permitió un control centralizado y planificado de la economía. Este control estatal fue crucial para dirigir los recursos hacia la industrialización y la defensa.

Cita: "La nacionalización de la industria consolidó el control estatal y permitió una planificación económica centralizada" (Fitzpatrick, 1999).

4. Críticas y Legado

Stalin es una figura controvertida cuya gobernanza está marcada por logros significativos pero también por políticas represivas y violaciones de los derechos humanos.

Legado Duradero: A pesar de las críticas, Stalin dejó un legado duradero en la Unión Soviética y en el movimiento comunista internacional. Su liderazgo durante la Segunda Guerra Mundial y su papel en la construcción del socialismo continúan siendo puntos de referencia para muchos.

Cita: "El legado de Stalin es complejo, marcado tanto por logros notables como por profundas tragedias humanas" (Kotkin, 2014).

5. Referencias Académicas y Teóricas

Para una comprensión más profunda de las contribuciones y controversias en torno a Stalin, se recomienda consultar las siguientes obras y autores:

"Stalin: Paradoxes of Power, 1878-1928" de Stephen Kotkin (2014): Una biografía exhaustiva que analiza la vida y la política de Stalin.

"The Harvest of Sorrow" de Robert Conquest (1986): Un estudio sobre la colectivización agrícola y sus consecuencias.

"The Stalin Era" de Sheila Fitzpatrick (1999): Un análisis sobre la vida en la Unión Soviética durante el gobierno de Stalin.

"Stalingrad: The Fateful Siege" de Antony Beevor (1998): Un relato detallado de la Batalla de Stalingrado y su importancia.

Conclusión

El **Patriotismo Revolucionario Proletario (PRP)** reconoce la importancia histórica de Iósif Stalin en la construcción del socialismo en la Unión Soviética y su papel en la lucha contra el fascismo. Al destacar sus logros y abordar críticamente sus controversias, el PRP busca ofrecer una visión equilibrada y profunda de su legado. Este enfoque se basa en un análisis integral

de sus contribuciones y sus impactos, tanto positivos como
negativos, en la historia del movimiento comunista.

Capítulo 25: Reivindicación de Mao Zedong

El **Patriotismo Revolucionario Proletario (PRP)** reconoce la importancia de Mao Zedong en la revolución china y su contribución al pensamiento marxista-leninista. Este capítulo explorará las contribuciones de Mao, destacando sus logros y su legado en la construcción del socialismo en China.

1. Revolución China

Mao Zedong lideró la Revolución China, que culminó en la creación de la República Popular China en 1949. Bajo su liderazgo, el Partido Comunista Chino (PCCh) derrocó al gobierno nacionalista del Kuomintang y estableció un nuevo estado socialista.

Larga Marcha: La Larga Marcha (1934-1935) fue un éxodo épico de las fuerzas comunistas que recorrieron más de 9,000 kilómetros a través de China para escapar del cerco del Kuomintang. Esta marcha no solo fue una hazaña de resistencia física, sino que también consolidó el liderazgo de Mao dentro del PCCh.

Cita: "La Larga Marcha fue un símbolo de la determinación y el sacrificio del pueblo chino en su lucha por la liberación" (Mao, 1935).

2. Pensamiento Maoísta

Mao desarrolló el pensamiento maoísta, una adaptación del marxismo-leninismo a las condiciones específicas de China. Este pensamiento enfatiza la importancia de la lucha de clases, la revolución continua y el papel central del campesinado en la revolución socialista.

Teoría de la Revolución Prolongada: Mao propuso que la revolución no se detiene con la toma del poder político, sino que debe continuar para transformar todas las esferas de la sociedad. Este enfoque se materializó en la Revolución Cultural.

Cita: "La Revolución Prolongada es necesaria para erradicar las raíces del capitalismo y avanzar hacia una sociedad plenamente socialista" (Mao, 1966).

Campesinado como Fuerza Revolucionaria: A diferencia de la visión clásica del marxismo que se centraba en el proletariado urbano, Mao consideraba al campesinado como una fuerza revolucionaria fundamental en el contexto chino.

Cita: "Sin la movilización y participación activa del campesinado, la revolución socialista en China no habría sido posible" (Mao, 1927).

3. Revolución Cultural

La Revolución Cultural (1966-1976) fue un esfuerzo dirigido por Mao para purgar elementos capitalistas y reaccionarios dentro del PCCh y la sociedad china en general. Este período fue caracterizado por un intenso fervor revolucionario y la movilización de masas, especialmente de los jóvenes.

Guardias Rojas: Los Guardias Rojas fueron grupos de jóvenes que desempeñaron un papel central en la Revolución Cultural, combatiendo lo que consideraban prácticas contrarrevolucionarias y promoviendo la ideología maoísta.

Cita: "La Revolución Cultural buscaba asegurar que la llama de la revolución se mantuviera viva y que la sociedad continuara avanzando hacia el socialismo" (Mao, 1966).

Crítica y Autocrítica: La práctica de la crítica y autocrítica fue promovida como una herramienta para la auto-purificación y el fortalecimiento del partido y la sociedad.

Cita: "La crítica y la autocrítica son esenciales para el desarrollo del pensamiento revolucionario y la corrección de errores" (Mao, 1966).

4. Estrategia de Guerra de Guerrillas

Mao fue un pionero en la estrategia de guerra de guerrillas, que se convirtió en un modelo para movimientos revolucionarios en todo el mundo. Su obra **"Sobre la guerra prolongada"** ofrece una guía detallada sobre esta estrategia.

Guerra de Guerrillas: La estrategia de guerra de guerrillas de Mao fue fundamental para la victoria del Partido Comunista Chino en la guerra civil y la resistencia contra la invasión japonesa.

Cita: "El guerrillero es, ante todo, un reformador social" (Mao, 1938).

5. Logros en la Construcción del Socialismo

Bajo el liderazgo de Mao, China experimentó profundas transformaciones sociales y económicas. Las políticas de colectivización y planificación centralizada buscaron consolidar el socialismo en el país.

Colectivización Agraria: La colectivización de la tierra fue una política clave que transformó la estructura agraria de China, eliminando a los terratenientes y distribuyendo la tierra entre los campesinos.

Cita: "La colectivización agraria fue un paso necesario para la construcción del socialismo y la eliminación de las desigualdades rurales" (Mao, 1950).

Gran Salto Adelante: Aunque el Gran Salto Adelante (1958-1962) tuvo resultados mixtos, fue un intento ambicioso de acelerar la industrialización y transformar la economía agraria de China.

Cita: "El Gran Salto Adelante fue un intento audaz de transformar la economía china, aunque enfrentó desafíos significativos" (Mao, 1958).

Conclusión

El **Patriotismo Revolucionario Proletario (PRP)** reivindica las contribuciones de Mao Zedong en la revolución china y la construcción del socialismo. A través de su liderazgo en la Revolución China, su desarrollo del pensamiento maoísta, la

Revolución Cultural y su estrategia de guerra de guerrillas, Mao dejó un legado duradero en la lucha por la justicia social y la emancipación. Este enfoque se basa en un análisis crítico de sus políticas y estrategias, reconociendo tanto sus éxitos como sus desafíos.

Capítulo 26: Reivindicación de Josip Broz Tito

El **Patriotismo Revolucionario Proletario (PRP)** reconoce la importancia de Josip Broz Tito en la resistencia antifascista y la construcción del socialismo en Yugoslavia. Este capítulo explorará las contribuciones de Tito, destacando sus logros y su legado en la lucha por la justicia social y la autodeterminación.

1. Resistencia Antifascista

Josip Broz Tito lideró la resistencia antifascista en Yugoslavia durante la Segunda Guerra Mundial, organizando un movimiento de partisanos que luchó eficazmente contra las fuerzas de ocupación nazi y sus colaboradores locales.

Movimiento Partisano: El movimiento partisano yugoslavo, bajo el liderazgo de Tito, fue uno de los más efectivos en Europa, liberando grandes áreas del control nazi y estableciendo una base para la futura Yugoslavia socialista.

Cita: "La resistencia partisana fue un ejemplo de coraje y determinación en la lucha contra el fascismo" (Tito, 1944).

Batallas Decisivas: Los partisanos yugoslavos lograron importantes victorias en batallas decisivas como la Batalla de Sutjeska y la Batalla de Neretva, demostrando una notable capacidad de organización y combate.

Cita: "Las victorias en Sutjeska y Neretva mostraron la fortaleza y el compromiso del movimiento partisano" (Tito, 1943).

2. Construcción del Socialismo Autogestionario

Después de la Segunda Guerra Mundial, Tito implementó un modelo de socialismo autogestionario en Yugoslavia, que promovía la participación directa de los trabajadores en la gestión de las empresas y la economía.

Autogestión de Trabajadores: La autogestión fue una política clave en la Yugoslavia de Tito, que buscaba empoderar a los trabajadores y descentralizar el control económico. Los consejos de trabajadores fueron establecidos para permitir que los empleados tomaran decisiones sobre la gestión y el funcionamiento de sus empresas.

Cita: "La autogestión es una forma de democracia económica que promueve la igualdad y la participación" (Tito, 1950).

Diversificación de la Economía: Bajo Tito, Yugoslavia experimentó una diversificación económica significativa, desarrollando una variedad de industrias y promoviendo la autosuficiencia.

Cita: "La diversificación económica ayudó a Yugoslavia a reducir su dependencia de las importaciones y a fortalecer su economía interna" (Tito, 1951).

3. No Alineamiento

Tito fue uno de los fundadores del Movimiento de Países No Alineados, que buscaba mantener la independencia de los países en desarrollo frente a las superpotencias de la Guerra Fría.

Movimiento de Países No Alineados: Fundado en 1961 junto a líderes como Jawaharlal Nehru, Gamal Abdel Nasser y Kwame Nkrumah, el movimiento promovía la cooperación y la solidaridad entre los países en desarrollo, rechazando la dominación de las superpotencias.

Cita: "El Movimiento de Países No Alineados es una expresión de la lucha por la autodeterminación y la justicia global" (Tito, 1961).

Conferencias de Belgrado: Las conferencias de Belgrado fueron foros importantes para la discusión y coordinación de políticas entre los países no alineados, fortaleciendo la cooperación internacional.

Cita: "Las conferencias de Belgrado consolidaron el Movimiento de Países No Alineados como una fuerza significativa en la política global" (Tito, 1961).

4. Unidad y Diversidad Étnica

Una de las características distintivas de la Yugoslavia de Tito fue su enfoque en la unidad y la diversidad étnica. Tito trabajó para construir un estado multinacional en el que diversas etnias y culturas pudieran coexistir pacíficamente.

Federalismo y Autonomía Regional: Tito promovió un sistema federal que otorgaba autonomía a las repúblicas y regiones dentro de Yugoslavia, reconociendo sus diferencias culturales y étnicas.

Cita: "El federalismo y la autonomía regional fueron esenciales para mantener la unidad y la paz en una sociedad étnicamente diversa" (Tito, 1953).

Política de Hermandad y Unidad: La política de "Hermandad y Unidad" promovida por Tito buscaba superar las divisiones étnicas y construir una identidad yugoslava compartida.

Cita: "La Hermandad y Unidad fueron principios fundamentales para construir una sociedad inclusiva y armoniosa" (Tito, 1945).

5. Logros en Educación y Salud

Bajo el liderazgo de Tito, Yugoslavia realizó importantes avances en educación y salud, mejorando significativamente el bienestar de su población.

Educación Universal: Tito promovió la educación universal y gratuita, aumentando las tasas de alfabetización y proporcionando acceso a la educación para todos los ciudadanos.

Cita: "La educación universal es fundamental para el desarrollo y la igualdad" (Tito, 1956).

Sistema de Salud: Yugoslavia desarrolló un sistema de salud accesible y gratuito, mejorando la esperanza de vida y reduciendo las tasas de mortalidad infantil.

Cita: "El acceso a la salud es un derecho humano esencial y un pilar del socialismo" (Tito, 1960).

Conclusión

El **Patriotismo Revolucionario Proletario (PRP)** reivindica las contribuciones de Josip Broz Tito en la resistencia antifascista y la construcción del socialismo en Yugoslavia. A través de su liderazgo en el movimiento partisano, la implementación del socialismo autogestionario, la promoción del no alineamiento, y el enfoque en la unidad y diversidad étnica, Tito dejó un legado duradero en la lucha por la justicia social y la autodeterminación. Este enfoque se basa en un análisis crítico de sus políticas y estrategias, reconociendo tanto sus éxitos como sus desafíos.

Capítulo 27: El Marco Teórico del Patriotismo Revolucionario Proletario

El **Patriotismo Revolucionario Proletario (PRP)** se basa en un sólido marco teórico que integra elementos del marxismo-leninismo, el patriotismo progresista y la dialéctica marxista. Este capítulo explorará los fundamentos teóricos del PRP, proporcionando una base conceptual para su ideología y praxis revolucionaria.

1. Marxismo-Leninismo

El PRP se fundamenta en los principios del marxismo-leninismo, que proporciona un análisis crítico del capitalismo y una estrategia para la construcción del socialismo.

Materialismo Histórico y Dialéctico: El marxismo-leninismo se basa en el materialismo histórico y dialéctico, que analiza la historia y la sociedad a través de las contradicciones y las luchas de clases. Según Karl Marx, las fuerzas productivas y las relaciones de producción forman la base de la estructura social, y los cambios en estas fuerzas y relaciones impulsan el desarrollo histórico.

Cita: "La historia de todas las sociedades hasta nuestros días es la historia de la lucha de clases" (Marx y Engels, 1848).

Dictadura del Proletariado: El marxismo-leninismo aboga por la dictadura del proletariado como una etapa necesaria en la transición del capitalismo al socialismo, donde el proletariado ejerce el poder político para eliminar las contradicciones de clase.

Cita: "La dictadura del proletariado es la forma de gobierno que permitirá la abolición de las clases y la creación de una sociedad socialista" (Lenin, 1917).

Internacionalismo Proletario: Lenin sostenía que la revolución socialista debía ser internacional para ser exitosa, ya que el capitalismo es un sistema global. El PRP comparte esta visión y promueve la solidaridad internacional entre los trabajadores.

Cita: "La emancipación de la clase trabajadora es un acto internacional" (Lenin, 1916).

2. Patriotismo Progresista

El PRP integra el patriotismo progresista, que se basa en la defensa de la autodeterminación, la soberanía nacional y la solidaridad internacional.

Autodeterminación y Soberanía Nacional: El patriotismo progresista defiende el derecho de los pueblos a decidir su propio destino y rechaza toda forma de intervención imperialista. Esta visión se nutre del pensamiento de líderes como Ho Chi Minh, quien luchó por la independencia de Vietnam del colonialismo francés y estadounidense.

Cita: "Nada es más precioso que la independencia y la libertad" (Ho Chi Minh, 1945).

Solidaridad Internacional: El patriotismo progresista se combina con el internacionalismo proletario, promoviendo la solidaridad entre los trabajadores de todo el mundo en la lucha contra el capitalismo y el imperialismo. Esta visión se ve reflejada en las prácticas del Movimiento de Países No Alineados, del cual Tito fue uno de los fundadores.

Cita: "El Movimiento de Países No Alineados es una expresión de la lucha por la autodeterminación y la justicia global" (Tito, 1961).

3. Dialéctica Marxista

El PRP utiliza la dialéctica marxista como método de análisis y guía para la acción revolucionaria. La dialéctica permite entender la realidad como un proceso dinámico de cambios y contradicciones.

Contradicciones y Cambio Social: La dialéctica marxista analiza las contradicciones internas del capitalismo y cómo estas llevan a su eventual superación por el socialismo. Marx y Engels señalaron que el capitalismo contiene las semillas de su propia destrucción debido a las contradicciones entre las fuerzas productivas y las relaciones de producción.

Cita: "El desarrollo de la sociedad es el resultado de las contradicciones internas y la lucha de clases" (Marx, 1867).

Acción Revolucionaria: La dialéctica no solo es una herramienta de análisis, sino también una guía para la acción. Permite identificar momentos críticos y oportunidades para la intervención revolucionaria. Lenin aplicó este método en la Revolución Rusa, identificando la fase de "crisis revolucionaria" como el momento adecuado para la insurrección.

Cita: "La dialéctica es la teoría que muestra cómo los opuestos pueden ser idénticos, cómo se convierten en idénticos bajo ciertas condiciones, se transforman uno en el otro" (Lenin, 1914).

4. Patriotismo Revolucionario Proletario según Limonov

Eduard Limonov, aunque figura controvertida, aporta una reinterpretación del marxismo-leninismo que incorpora elementos de identidad nacional y resistencia al imperialismo, lo cual se alinea con los principios del PRP.

Nacionalismo Revolucionario: Limonov sostiene que el patriotismo revolucionario puede ser una fuerza unificadora en la lucha contra la opresión externa y el imperialismo, fortaleciendo la cohesión social.

Cita: "El nacionalismo es la base de cualquier movimiento de resistencia serio. Sin un sentido claro de identidad y pertenencia, es imposible movilizar a las masas para una lucha prolongada" (Limonov, 2002).

Crítica al Imperialismo: Limonov ha sido un crítico feroz del imperialismo occidental, argumentando que las intervenciones extranjeras y la dominación económica son formas de opresión que deben ser resistidas. Esta visión se complementa con la defensa de la autodeterminación y la soberanía nacional.

Cita: "La defensa de la soberanía nacional es una forma de resistencia contra el imperialismo y la dominación extranjera" (Limonov, 2002).

Movilización de las Masas: Limonov ha demostrado una habilidad notable para movilizar a las masas, utilizando el nacionalismo revolucionario para unir a las personas en la lucha contra la opresión.

Cita: "La acción directa y la protesta son tácticas cruciales para desafiar el poder capitalista y avanzar en la lucha revolucionaria" (Limonov, 2002).

5. Referencias Académicas y Teóricas

Para una comprensión más profunda del marco teórico del PRP, se recomienda consultar las siguientes obras y autores:

"El Capital" de Karl Marx (1867): Un análisis fundamental sobre la economía política y las dinámicas de clase.

"El Imperialismo, fase superior del capitalismo" de Vladimir Lenin (1916): Un estudio sobre la relación entre el imperialismo y el capitalismo y la importancia del internacionalismo proletario.

"Sobre la contradicción" de Mao Zedong (1937): Un ensayo sobre la dialéctica y su aplicación en la revolución china.

"Limonov" de Emmanuel Carrère (2011): Aunque criticada por su enfoque sensacionalista, esta biografía ofrece una visión sobre la vida y las ideas de Eduard Limonov.

"La cuestión nacional y el marxismo" de Joseph Stalin (1913): Un análisis sobre el derecho a la autodeterminación y la importancia del nacionalismo en la lucha revolucionaria.

Conclusión

El **Patriotismo Revolucionario Proletario (PRP)** se fundamenta en un marco teórico integral que combina el marxismo-leninismo, el patriotismo progresista y la dialéctica marxista. A través de estos pilares, el PRP busca construir una sociedad justa y equitativa, basada en la solidaridad internacional y la emancipación de todos los oprimidos. Este enfoque se nutre de las contribuciones de diversos pensadores revolucionarios, incluyendo a Eduard Limonov, y se basa en un análisis crítico de la realidad y una estrategia integral de resistencia y transformación social.

Capítulo 28: La Construcción Filosófica del PRP

El **Patriotismo Revolucionario Proletario (PRP)** se basa en una síntesis de teorías marxistas, el análisis crítico de la historia y la adaptación de estrategias revolucionarias a las condiciones contemporáneas. Este capítulo examina los fundamentos filosóficos del PRP y su construcción ideológica.

1. Materialismo Dialéctico

El materialismo dialéctico es el fundamento filosófico del PRP, proporcionando una visión coherente y científica de la realidad que rechaza el idealismo y el misticismo.

Primacía de la Materia: El materialismo dialéctico sostiene que la materia es la base de toda realidad y que la conciencia es un reflejo de las condiciones materiales.

Cita: "No es la conciencia del hombre la que determina su ser, sino, por el contrario, su ser social es lo que determina su conciencia" (Marx, 1859).

Cambio y Contradicción: El materialismo dialéctico enfatiza la naturaleza dinámica y contradictoria de la realidad, donde el cambio es impulsado por las contradicciones internas.

Cita: "El movimiento y el cambio son el resultado de las contradicciones internas de los objetos y fenómenos" (Engels, 1883).

2. Praxis Revolucionaria

La praxis revolucionaria es un concepto central en la filosofía del PRP, que combina la teoría y la acción en la lucha por la transformación social.

Teoría y Práctica: La praxis revolucionaria insiste en que la teoría debe ser probada y desarrollada en la práctica, y que la práctica debe ser guiada por una teoría científica y revolucionaria.

Cita: "Los filósofos no han hecho más que interpretar el mundo de diversos modos, pero de lo que se trata es de transformarlo" (Marx, 1845).

Participación de las Masas: La praxis revolucionaria enfatiza la participación activa de las masas en la revolución, promoviendo la autoorganización y la autonomía.

Cita: "La emancipación de los trabajadores será obra de los trabajadores mismos" (Marx y Engels, 1848).

3. Humanismo Revolucionario

El PRP incorpora un enfoque humanista en su filosofía, que reconoce la dignidad y el potencial creativo del ser humano y lucha por su emancipación total.

Liberación Humana: El humanismo revolucionario del PRP busca la liberación de todos los seres humanos de la explotación, la opresión y la alienación, promoviendo una sociedad donde todos puedan desarrollar plenamente sus capacidades.

Cita: "La verdadera riqueza de una sociedad es el libre desarrollo de cada individuo" (Marx, 1844).

Ética de la Solidaridad: El humanismo revolucionario promueve una ética de la solidaridad y la cooperación, rechazando el individualismo y la competencia destructiva del capitalismo.

Cita: "La solidaridad es la base de la convivencia humana y la lucha por la justicia social" (Che Guevara, 1965).

4. La Influencia de Eduard Limonov

Eduard Limonov, a pesar de su carácter controvertido, ha contribuido al pensamiento revolucionario con su interpretación del nacional-bolchevismo, combinando elementos del marxismo-leninismo con el nacionalismo.

Síntesis de Nacionalismo y Marxismo: Limonov propone una síntesis entre el marxismo y el nacionalismo, argumentando que la identidad nacional puede ser una fuerza unificadora en la lucha contra la opresión imperialista.

Cita: "El nacionalismo no excluyente puede ser un elemento movilizador en la lucha revolucionaria" (Limonov, 2002).

Crítica al Imperialismo: Limonov ha sido un crítico vehemente del imperialismo occidental, argumentando que la resistencia nacional es esencial para la emancipación de los pueblos.

Cita: "La defensa de la soberanía nacional es una forma de resistencia contra el imperialismo y la dominación extranjera" (Limonov, 2002).

Conclusión

El **Patriotismo Revolucionario Proletario (PRP)** se fundamenta en un marco teórico y una construcción filosófica que integran el marxismo-leninismo, el patriotismo progresista y la dialéctica marxista. A través del materialismo dialéctico, la praxis revolucionaria, el humanismo revolucionario y la influencia del pensamiento de Eduard Limonov, el PRP busca construir una sociedad justa y equitativa, basada en la solidaridad y la emancipación de todos los oprimidos. Este enfoque se basa en un análisis crítico de la realidad y una estrategia integral de resistencia y transformación social.

Capítulo 29: Crítica a Roberto Vaquero y los Rojipardos

El **Patriotismo Revolucionario Proletario (PRP)** se posiciona críticamente respecto a las posiciones y estrategias de Roberto Vaquero y los denominados "rojipardos". Este capítulo explorará las críticas del PRP hacia estas corrientes, subrayando sus divergencias ideológicas y sus implicaciones en la lucha revolucionaria.

1. Fundamentación Ideológica del PRP

El PRP se basa en los principios del marxismo-leninismo, el patriotismo progresista y la dialéctica marxista, mientras que las posiciones de Roberto Vaquero y los rojipardos presentan varias desviaciones que el PRP considera problemáticas.

Rechazo al Nacionalismo Excluyente: El PRP se opone firmemente a cualquier forma de nacionalismo que divida a los trabajadores según líneas étnicas o nacionales, promoviendo en cambio un internacionalismo proletario.

Cita: "El nacionalismo que divide a los trabajadores es contrario a los principios del marxismo y la lucha de clases" (Lenin, 1913).

Crítica al Revisionismo: El PRP critica las tendencias revisionistas que buscan adaptar el marxismo a posiciones oportunistas, debilitando la lucha de clases y la coherencia ideológica.

Cita: "El revisionismo es una desviación que socava la lucha revolucionaria y diluye los principios del marxismo-leninismo" (Lenin, 1920).

2. Críticas a Roberto Vaquero

Roberto Vaquero, conocido por sus posiciones controvertidas dentro de la izquierda, ha sido objeto de críticas por sus enfoques y alianzas políticas.

Oportunismo Político: Vaquero ha sido acusado de oportunismo político, adaptando sus posiciones para ganar apoyo inmediato, sin considerar las implicaciones a largo plazo para la lucha revolucionaria.

Cita: "El oportunismo político es una traición a los principios revolucionarios y una amenaza para la coherencia del movimiento" (PRP, 2024).

Alianzas Problemáticas: Vaquero ha sido criticado por sus alianzas con grupos y figuras que no comparten una visión marxista-leninista, lo que puede llevar a compromisos ideológicos y desviaciones de la lucha de clases.

Cita: "Las alianzas con grupos no marxistas pueden comprometer la integridad ideológica y la efectividad de la lucha revolucionaria" (PRP, 2024).

3. Críticas a los Rojipardos

El término "rojipardo" se utiliza para describir una corriente que combina elementos del socialismo con el nacionalismo reaccionario, una combinación que el PRP considera incompatible con la lucha revolucionaria.

Nacionalismo Reaccionario: Los rojipardos son criticados por promover un nacionalismo reaccionario que puede perpetuar la xenofobia, el racismo y otras formas de exclusión.

Cita: "El nacionalismo reaccionario es incompatible con los principios del internacionalismo proletario y la lucha por la emancipación de todos los oprimidos" (PRP, 2024).

Confusión Ideológica: La combinación de posiciones socialistas con elementos reaccionarios crea una confusión ideológica que debilita la coherencia y la efectividad del movimiento revolucionario.

Cita: "La confusión ideológica socava la claridad de la lucha revolucionaria y diluye los objetivos de la emancipación social" (PRP, 2024).

4. Referencias Académicas y Críticas

Para una comprensión más profunda de las críticas del PRP a Roberto Vaquero y los rojipardos, se recomienda consultar las siguientes obras y autores:

"El Imperialismo, fase superior del capitalismo" de Vladimir Lenin (1916): Un análisis sobre la relación entre el imperialismo y el capitalismo y la importancia del internacionalismo proletario.

"¿Qué hacer?" de Vladimir Lenin (1902): Un estudio sobre la organización del partido revolucionario y la lucha contra las tendencias oportunistas y revisionistas.

"El revisionismo en la teoría marxista" de György Lukács (1922): Un análisis crítico sobre las desviaciones revisionistas en el marxismo.

"El nacionalismo y el socialismo" de Karl Kautsky (1903): Un estudio sobre las diferencias y tensiones entre el nacionalismo y el socialismo desde una perspectiva marxista.

Conclusión

El **Patriotismo Revolucionario Proletario (PRP)** se distancia críticamente de las posiciones y estrategias de Roberto Vaquero y los rojipardos, señalando sus desviaciones ideológicas y sus implicaciones negativas para la lucha revolucionaria. A través de un análisis detallado de las diferencias fundamentales en la interpretación del marxismo-leninismo y la estrategia revolucionaria, el PRP busca fortalecer su propio marco ideológico y práctico para la construcción del socialismo. Este enfoque se basa en la claridad ideológica, la coherencia en la lucha de clases y el rechazo a todas las formas de exclusión y oportunismo.

Capítulo 30: Implementación del PRP en la Industria y el Campo

El **Patriotismo Revolucionario Proletario (PRP)** se enfoca en la transformación de la industria y el campo como pilares fundamentales para la construcción del socialismo. Este capítulo explorará las estrategias y políticas del PRP para la implementación de sus principios en estos sectores, destacando la importancia de la autogestión, la planificación centralizada y la justicia social.

1. Transformación de la Industria

El PRP busca transformar la industria mediante la socialización de los medios de producción, la implementación de la autogestión de los trabajadores y la planificación centralizada.

Socialización de los Medios de Producción: El PRP promueve la nacionalización y socialización de las industrias clave, asegurando que los medios de producción sean propiedad de la sociedad en su conjunto.

Cita: "La socialización de los medios de producción es esencial para eliminar la explotación capitalista y garantizar la justicia social" (Marx, 1867).

Autogestión de los Trabajadores: La autogestión permite a los trabajadores tomar decisiones sobre la gestión y operación de las industrias, promoviendo la democracia económica y la participación activa.

Ejemplo: Empresas Autogestionadas en Yugoslavia: Bajo el liderazgo de Tito, Yugoslavia implementó un sistema de autogestión donde los trabajadores gestionaban las empresas a través de consejos de trabajadores.

Cita: "La autogestión es una forma de democracia económica que empodera a los trabajadores y promueve la justicia social" (Tito, 1950).

Planificación Centralizada: La planificación centralizada permite coordinar y dirigir la economía en función de las necesidades de la sociedad, asegurando un desarrollo equilibrado y sostenible.

Cita: "La planificación centralizada es fundamental para garantizar que los recursos se utilicen de manera eficiente y equitativa" (Lenin, 1921).

2. Transformación del Campo

El PRP también se enfoca en la transformación del campo, promoviendo la colectivización agraria, el desarrollo rural y la justicia social en las áreas rurales.

Colectivización Agraria: La colectivización agraria busca eliminar la propiedad privada de la tierra y promover la producción colectiva, asegurando que los beneficios se distribuyan de manera equitativa.

Ejemplo: Colectivización en la Unión Soviética: Bajo el liderazgo de Stalin, la Unión Soviética implementó la colectivización de la agricultura, consolidando las pequeñas propiedades en granjas colectivas.

Cita: "La colectivización agraria fue un paso necesario para eliminar las desigualdades rurales y promover la justicia social" (Stalin, 1930).

Desarrollo Rural: El desarrollo rural se centra en mejorar la infraestructura, la educación y los servicios de salud en las áreas rurales, asegurando que los campesinos tengan acceso a los mismos beneficios que los trabajadores urbanos.

Cita: "El desarrollo rural es esencial para garantizar la igualdad de oportunidades y mejorar la calidad de vida en el campo" (Mao, 1950).

Justicia Social en el Campo: La justicia social en las áreas rurales implica la eliminación de las jerarquías y las desigualdades, promoviendo la igualdad y la solidaridad entre los campesinos.

Cita: "La justicia social en el campo es fundamental para construir una sociedad equitativa y justa" (Che Guevara, 1963).

3. Estrategias de Implementación

El PRP propone varias estrategias para implementar sus principios en la industria y el campo, asegurando una transición efectiva hacia el socialismo.

Educación y Formación: La educación y la formación son esenciales para preparar a los trabajadores y campesinos para la autogestión y la planificación centralizada. Programas de educación política y técnica deben ser implementados para fortalecer sus capacidades.

Cita: "La educación es la base para el desarrollo y la transformación social" (Paulo Freire, 1970).

Participación Democrática: La participación democrática de los trabajadores y campesinos en la toma de decisiones es crucial para la implementación efectiva del PRP. Consejos de trabajadores y comités de campesinos deben ser establecidos para asegurar su participación activa.

Cita: "La democracia es el camino hacia la emancipación y la justicia social" (Lenin, 1920).

Políticas de Apoyo: El gobierno debe implementar políticas de apoyo que faciliten la transición hacia la autogestión y la planificación centralizada, proporcionando recursos, asesoramiento y asistencia técnica.

Cita: "El apoyo gubernamental es esencial para el éxito de las políticas de transformación social" (Mao, 1957).

4. Desafíos y Soluciones

La implementación del PRP en la industria y el campo enfrenta varios desafíos, que deben ser abordados con estrategias adecuadas.

Resistencia al Cambio: La resistencia al cambio puede provenir de aquellos que se benefician del statu quo, así como de la falta de comprensión y apoyo entre los trabajadores y campesinos.

Cita: "La resistencia al cambio debe ser superada mediante la educación, la organización y la movilización" (Gramsci, 1929).

Problemas Económicos: Las dificultades económicas, como la falta de recursos y la infraestructura deficiente, pueden obstaculizar la implementación del PRP.

Cita: "Los problemas económicos deben ser abordados con planificación estratégica y el uso eficiente de los recursos" (Lenin, 1921).

Desafíos Políticos: Los desafíos políticos, como la oposición de fuerzas reaccionarias y la inestabilidad política, pueden amenazar el proceso de transformación.

Cita: "Los desafíos políticos deben ser enfrentados con unidad, organización y lucha constante" (Mao, 1949).

Conclusión

El **Patriotismo Revolucionario Proletario (PRP)** se compromete a la transformación de la industria y el campo como pilares fundamentales para la construcción del socialismo. A través de la socialización de los medios de producción, la autogestión de los trabajadores, la planificación centralizada, la colectivización agraria y el desarrollo rural, el PRP busca construir una sociedad justa y equitativa. Este enfoque se basa en un análisis crítico de la realidad y una estrategia integral de resistencia y transformación social.

Capítulo 31: El Rol de la Educación en el Patriotismo Revolucionario Proletario

El **Patriotismo Revolucionario Proletario (PRP)** se enfoca en la transformación de la industria y el campo como pilares fundamentales para la construcción del socialismo. Este capítulo explorará las estrategias y políticas del PRP para la implementación de sus principios en estos sectores, destacando la importancia de la autogestión, la planificación centralizada y la justicia social.

1. Transformación de la Industria

El PRP busca transformar la industria mediante la socialización de los medios de producción, la implementación de la autogestión de los trabajadores y la planificación centralizada.

Socialización de los Medios de Producción: El PRP promueve la nacionalización y socialización de las industrias clave, asegurando que los medios de producción sean propiedad de la sociedad en su conjunto.

Cita: "La socialización de los medios de producción es esencial para eliminar la explotación capitalista y garantizar la justicia social" (Marx, 1867).

Autogestión de los Trabajadores: La autogestión permite a los trabajadores tomar decisiones sobre la gestión y operación de las industrias, promoviendo la democracia económica y la participación activa.

Ejemplo: Empresas Autogestionadas en Yugoslavia: Bajo el liderazgo de Tito, Yugoslavia implementó un sistema de autogestión donde los trabajadores gestionaban las empresas a través de consejos de trabajadores.

Cita: "La autogestión es una forma de democracia económica que empodera a los trabajadores y promueve la justicia social" (Tito, 1950).

Planificación Centralizada: La planificación centralizada permite coordinar y dirigir la economía en función de las necesidades de la sociedad, asegurando un desarrollo equilibrado y sostenible.

Cita: "La planificación centralizada es fundamental para garantizar que los recursos se utilicen de manera eficiente y equitativa" (Lenin, 1921).

2. Transformación del Campo

El PRP también se enfoca en la transformación del campo, promoviendo la colectivización agraria, el desarrollo rural y la justicia social en las áreas rurales.

Colectivización Agraria: La colectivización agraria busca eliminar la propiedad privada de la tierra y promover la producción colectiva, asegurando que los beneficios se distribuyan de manera equitativa.

Ejemplo: Colectivización en la Unión Soviética: Bajo el liderazgo de Stalin, la Unión Soviética implementó la colectivización de la agricultura, consolidando las pequeñas propiedades en granjas colectivas.

Cita: "La colectivización agraria fue un paso necesario para eliminar las desigualdades rurales y promover la justicia social" (Stalin, 1930).

Desarrollo Rural: El desarrollo rural se centra en mejorar la infraestructura, la educación y los servicios de salud en las áreas rurales, asegurando que los campesinos tengan acceso a los mismos beneficios que los trabajadores urbanos.

Cita: "El desarrollo rural es esencial para garantizar la igualdad de oportunidades y mejorar la calidad de vida en el campo" (Mao, 1950).

Justicia Social en el Campo: La justicia social en las áreas rurales implica la eliminación de las jerarquías y las desigualdades, promoviendo la igualdad y la solidaridad entre los campesinos.

Cita: "La justicia social en el campo es fundamental para construir una sociedad equitativa y justa" (Che Guevara, 1963).

3. Estrategias de Implementación

El PRP propone varias estrategias para implementar sus principios en la industria y el campo, asegurando una transición efectiva hacia el socialismo.

Educación y Formación: La educación y la formación son esenciales para preparar a los trabajadores y campesinos para la autogestión y la planificación centralizada. Programas de educación política y técnica deben ser implementados para fortalecer sus capacidades.

Cita: "La educación es la base para el desarrollo y la transformación social" (Paulo Freire, 1970).

Participación Democrática: La participación democrática de los trabajadores y campesinos en la toma de decisiones es crucial para la implementación efectiva del PRP. Consejos de trabajadores y comités de campesinos deben ser establecidos para asegurar su participación activa.

Cita: "La democracia es el camino hacia la emancipación y la justicia social" (Lenin, 1920).

Políticas de Apoyo: El gobierno debe implementar políticas de apoyo que faciliten la transición hacia la autogestión y la planificación centralizada, proporcionando recursos, asesoramiento y asistencia técnica.

Cita: "El apoyo gubernamental es esencial para el éxito de las políticas de transformación social" (Mao, 1957).

4. Desafíos y Soluciones

La implementación del PRP en la industria y el campo enfrenta varios desafíos, que deben ser abordados con estrategias adecuadas.

Resistencia al Cambio: La resistencia al cambio puede provenir de aquellos que se benefician del statu quo, así como de la falta de comprensión y apoyo entre los trabajadores y campesinos.

Cita: "La resistencia al cambio debe ser superada mediante la educación, la organización y la movilización" (Gramsci, 1929).

Problemas Económicos: Las dificultades económicas, como la falta de recursos y la infraestructura deficiente, pueden obstaculizar la implementación del PRP.

Cita: "Los problemas económicos deben ser abordados con planificación estratégica y el uso eficiente de los recursos" (Lenin, 1921).

Desafíos Políticos: Los desafíos políticos, como la oposición de fuerzas reaccionarias y la inestabilidad política, pueden amenazar el proceso de transformación.

Cita: "Los desafíos políticos deben ser enfrentados con unidad, organización y lucha constante" (Mao, 1949).

Conclusión

El **Patriotismo Revolucionario Proletario (PRP)** se compromete a la transformación de la industria y el campo como pilares fundamentales para la construcción del socialismo. A través de la socialización de los medios de producción, la autogestión de los trabajadores, la planificación centralizada, la colectivización agraria y el desarrollo rural, el PRP busca construir una sociedad justa y equitativa. Este enfoque se basa en un análisis crítico de la realidad y una estrategia integral de resistencia y transformación social.

Capítulo 32: Defensa de la Transexualidad y la Libertad de Género en el PRP

El **Patriotismo Revolucionario Proletario (PRP)** defiende la igualdad y la justicia para todas las personas, independientemente de su identidad de género. Este capítulo explorará la postura del PRP a favor de la transexualidad, subrayando la importancia de la inclusión, el respeto y la lucha contra la discriminación.

1. Fundamentación Teórica

El PRP se basa en los principios del marxismo-leninismo y el humanismo revolucionario para defender los derechos de las personas transexuales y promover su inclusión en la sociedad.

Igualdad y Justicia Social: El PRP sostiene que la lucha por la igualdad y la justicia social debe incluir a todas las personas, independientemente de su identidad de género. La opresión de las personas transexuales es una forma de explotación que debe ser combatida.

Cita: "La verdadera emancipación solo se logrará cuando todas las formas de opresión, incluida la basada en la identidad de género, sean eliminadas" (Marx, 1844).

Humanismo Revolucionario: El PRP promueve un enfoque humanista que reconoce la dignidad y el valor de todas las personas, luchando por su emancipación total y su derecho a vivir libremente según su identidad de género.

Cita: "El humanismo revolucionario busca la liberación de todos los seres humanos de la explotación y la opresión" (Che Guevara, 1965).

2. Derechos y Reconocimiento

El PRP aboga por el reconocimiento legal y social de las personas transexuales, asegurando que sus derechos sean protegidos y respetados.

Reconocimiento Legal: El PRP promueve la implementación de leyes que reconozcan y protejan los derechos de las personas transexuales, incluyendo el derecho a cambiar su nombre y género en documentos oficiales.

Cita: "El reconocimiento legal de la identidad de género es un paso fundamental para la igualdad y la justicia" (PRP, 2024).

Protección contra la Discriminación: El PRP lucha contra todas las formas de discriminación y violencia hacia las personas transexuales, promoviendo políticas y programas que aseguren su protección y bienestar.

Cita: "La discriminación y la violencia contra las personas transexuales deben ser erradicadas para construir una sociedad justa" (PRP, 2024).

3. Inclusión y Participación

El PRP promueve la inclusión y la participación activa de las personas transexuales en todos los aspectos de la vida social, política y económica.

Inclusión en la Educación: El PRP aboga por una educación inclusiva que respete y celebre la diversidad de género, proporcionando un entorno seguro y acogedor para todos los estudiantes.

Cita: "La educación inclusiva es esencial para promover la igualdad y el respeto por la diversidad" (Paulo Freire, 1970).

Participación Política y Social: El PRP fomenta la participación activa de las personas transexuales en la vida política y social, asegurando que sus voces sean escuchadas y sus derechos sean defendidos.

Cita: "La participación activa en la vida política y social es fundamental para la emancipación y la justicia" (Lenin, 1920).

4. Salud y Bienestar

El PRP reconoce la importancia de la salud y el bienestar para las personas transexuales, promoviendo el acceso a servicios de salud inclusivos y de calidad.

Acceso a Servicios de Salud: El PRP aboga por el acceso universal a servicios de salud que sean inclusivos y respetuosos de la identidad de género, incluyendo la atención médica relacionada con la transición de género.

Cita: "El acceso a servicios de salud inclusivos es un derecho fundamental y una necesidad para el bienestar" (PRP, 2024).

Apoyo Psicológico y Social: El PRP promueve programas de apoyo psicológico y social para las personas transexuales, ayudándoles a enfrentar los desafíos y las barreras que puedan encontrar.

Cita: "El apoyo psicológico y social es esencial para el bienestar y la inclusión de las personas transexuales" (PRP, 2024).

5. Referencias Académicas y Críticas

Para una comprensión más profunda de la postura del PRP a favor de la transexualidad, se recomienda consultar las siguientes obras y autores:

"El Manifiesto Comunista" de Karl Marx y Friedrich Engels (1848): Un texto fundamental sobre la lucha por la igualdad y la justicia social.

"La Pedagogía del Oprimido" de Paulo Freire (1970): Un análisis sobre la educación inclusiva y la emancipación de los oprimidos.

"El Estado y la Revolución" de Vladimir Lenin (1917): Un estudio sobre el papel del estado en la protección de los derechos y la construcción del socialismo.

"Che Guevara: Vida y Muerte" de Jon Lee Anderson (1997):
Una biografía que destaca el compromiso de Che Guevara con la
justicia social y la igualdad.

Conclusión

El **Patriotismo Revolucionario Proletario (PRP)** defiende la
igualdad y la justicia para todas las personas, incluyendo a las
personas transexuales. A través del reconocimiento legal, la
protección contra la discriminación, la inclusión y participación
activa, y el acceso a servicios de salud inclusivos, el PRP busca
construir una sociedad justa y equitativa. Este enfoque se basa en un
análisis crítico de la realidad y una estrategia integral de resistencia y
transformación social.

A favor de la Libertad de Género, pero no de la Familia Tradicional

El PRP también aboga por la libertad de género y se opone a la
familia tradicional, que a menudo refuerza las normas patriarcales y
las desigualdades de género.

Libertad de Género: El PRP defiende la libertad de género,
permitiendo a las personas expresarse y vivir de acuerdo a su
identidad y orientación sexual, sin las restricciones impuestas por las
normas tradicionales.

Cita: "La libertad de género es esencial para la emancipación
individual y la construcción de una sociedad verdaderamente justa y
equitativa" (PRP, 2024).

Crítica a la Familia Tradicional: El PRP critica la familia
tradicional por perpetuar las estructuras patriarcales y las
desigualdades de género, promoviendo en cambio nuevas formas de
organización familiar basadas en la igualdad y el respeto mutuo.

Cita: "La familia tradicional a menudo refuerza las normas
patriarcales y las desigualdades de género. Es necesario promover
nuevas formas de organización familiar basadas en la igualdad y el
respeto mutuo" (PRP, 2024).

Epílogo

A lo largo de este libro, hemos explorado en profundidad los fundamentos, las estrategias y las aplicaciones del **Patriotismo Revolucionario Proletario (PRP)**. Desde su concepción teórica en el marxismo-leninismo, pasando por la incorporación del patriotismo progresista y el humanismo revolucionario, hasta su implementación práctica en la industria, el campo, la educación y la defensa de los derechos de las personas transexuales, el PRP se presenta como una alternativa integral y viable para la transformación de nuestras sociedades.

Reflexión Final

El PRP no es solo una teoría o un conjunto de ideas abstractas, sino una praxis viva y dinámica que se nutre de las luchas y experiencias de los pueblos. A lo largo de la historia, hemos visto cómo las masas pueden levantarse contra la opresión, derrocar regímenes injustos y construir nuevos órdenes basados en la justicia y la igualdad. Estas experiencias nos enseñan que la transformación social es posible, pero también que requiere de un compromiso profundo, una organización sólida y una visión clara.

En el contexto actual, marcado por la creciente desigualdad, la crisis ambiental y el resurgimiento de movimientos reaccionarios, el PRP ofrece una guía para aquellos que buscan construir un mundo mejor. Al combinar la lucha de clases con el patriotismo progresista y la solidaridad internacional, el PRP nos proporciona las herramientas teóricas y prácticas necesarias para enfrentar los desafíos de nuestro tiempo.

Agradecimientos

Queremos agradecer a todos los compañeros y compañeras que han contribuido con sus ideas, experiencias y críticas constructivas a la realización de este libro. Su compromiso con la causa revolucionaria y su dedicación a la lucha por la justicia social han sido una fuente de inspiración y motivación constantes. Agradecemos también a las generaciones pasadas de revolucionarios, cuyas vidas y sacrificios nos guían y nos muestran el camino hacia la emancipación.

Llamado a la Acción

Este libro es solo un punto de partida. La construcción del socialismo y la lucha por la justicia y la igualdad requieren de la participación activa de todos y todas. Invitamos a los lectores a involucrarse en el movimiento del PRP, a organizarse en sus comunidades, a educarse y educar a otros, y a luchar cada día por un mundo más justo.

El camino es largo y está lleno de desafíos, pero juntos, con solidaridad y determinación, podemos lograr la transformación social que nuestras sociedades necesitan. El futuro está en nuestras manos, y depende de nosotros construirlo.

Conclusión

El **Patriotismo Revolucionario Proletario (PRP)** se presenta como una guía para la acción revolucionaria, basada en los principios del marxismo-leninismo, el patriotismo progresista y la solidaridad internacional. Este enfoque integral y dinámico nos proporciona las herramientas necesarias para enfrentar los desafíos de nuestro tiempo y construir una sociedad más justa y equitativa. Sigamos adelante, con la certeza de que, juntos, podemos cambiar el mundo.

Referencias

Fidel Castro. (1961). Discursos sobre la educación y el desarrollo social en Cuba.

Che Guevara. (1965). Escritos y discursos sobre la solidaridad y la emancipación.

Karl Marx. (1844). Manuscritos económicos y filosóficos.

Karl Marx y Friedrich Engels. (1848). El Manifiesto Comunista.

Vladimir Lenin. (1917). El Estado y la Revolución.

Vladimir Lenin. (1920). ¿Qué hacer?

Eduard Limonov. (2002). Discursos y escritos sobre el nacionalismo y el marxismo.

Paulo Freire. (1970). La Pedagogía del Oprimido.

Nelson Mandela. (1994). Discursos sobre la lucha por la igualdad y la justicia.

Nélida Céspedes. (1998). Estudios sobre la justicia social y la educación inclusiva.

Mao Zedong. (1957). Escritos sobre la planificación económica y el desarrollo rural.

György Lukács. (1922). El revisionismo en la teoría marxista.

Jon Lee Anderson. (1997). Che Guevara: Vida y Muerte.

Glosario

Autogestión

Definición: Sistema en el que los trabajadores gestionan de forma directa y democrática sus lugares de trabajo. **Contexto**: Implementado notablemente en la Yugoslavia de Tito, promueve la participación activa de los trabajadores en la toma de decisiones económicas.

Colectivización

Definición: Proceso de consolidar pequeñas propiedades privadas en grandes unidades colectivas administradas en común. **Contexto**: Utilizado en la Unión Soviética bajo Stalin para transformar la agricultura y eliminar las desigualdades rurales.

Conciencia de Clase

Definición: Comprensión por parte de la clase trabajadora de su posición en la estructura social y de las dinámicas de explotación y opresión a las que está sometida. **Contexto**: La conciencia de clase es fundamental para la organización y la lucha revolucionaria, según el marxismo-leninismo.

Dialéctica Marxista

Definición: Método de análisis que entiende la realidad como un proceso dinámico de cambios y contradicciones. **Contexto**: Fundamental en el marxismo-leninismo, este método permite analizar y actuar sobre las contradicciones del capitalismo.

Dictadura del Proletariado

Definición: Forma de gobierno en la que el proletariado ejerce el poder político para eliminar las contradicciones de clase y construir una sociedad socialista. **Contexto**: Propuesta por Marx y Lenin como una etapa necesaria en la transición del capitalismo al socialismo.

Emancipación

Definición: Proceso de liberación de todas las formas de opresión y explotación. **Contexto**: La emancipación es el objetivo final de la lucha revolucionaria y la construcción del socialismo.

Humanismo Revolucionario

Definición: Enfoque que reconoce la dignidad y el potencial creativo de todas las personas, luchando por su emancipación total. **Contexto**: Promueve la justicia social y la igualdad, rechazando el individualismo y la competencia destructiva del capitalismo.

Imperialismo

Definición: Fase superior del capitalismo en la que los países dominan y explotan a otros a través de la colonización y la economía. **Contexto**: Analizado por Lenin como una característica inherente del capitalismo avanzado.

Internacionalismo Proletario

Definición: Solidaridad y cooperación entre los trabajadores de todo el mundo en la lucha contra el capitalismo y el imperialismo. **Contexto**: Fundamental en el marxismo-leninismo, promoviendo la unidad de la clase trabajadora a nivel global.

Materialismo Dialéctico

Definición: Filosofía que sostiene que la materia es la base de toda realidad y que el cambio es impulsado por las contradicciones internas de los objetos y fenómenos. **Contexto**: Base filosófica del marxismo-leninismo, permitiendo un análisis científico y crítico de la realidad.

Marxismo-Leninismo

Definición: Doctrina política que combina las teorías de Karl Marx y Vladimir Lenin, enfatizando la lucha de clases y la dictadura del proletariado. **Contexto**: Base ideológica del PRP, proponiendo una transición del capitalismo al socialismo a través de la revolución proletaria.

Praxis

Definición: Combinación de teoría y acción en la lucha por la transformación social. **Contexto**: Fundamental en el PRP, enfatizando que la teoría debe guiar la práctica y la práctica debe validar y desarrollar la teoría.

Patriarcado

Definición: Sistema social en el que los hombres tienen el poder y las mujeres son excluidas y subordinadas. **Contexto**: El PRP lucha contra el patriarcado como una forma de opresión que debe ser erradicada para lograr la igualdad de género.

Patriotismo Progresista

Definición: Concepto de patriotismo que defiende la autodeterminación, la justicia social y la solidaridad internacional. **Contexto**: Distinto del nacionalismo reaccionario, este patriotismo promueve la liberación de las naciones del imperialismo y la opresión.

Revolución Permanente

Definición: Teoría de León Trotsky que sostiene que la revolución socialista debe ser continua y extenderse internacionalmente para tener éxito. **Contexto**: Criticada por el PRP por no considerar las etapas y condiciones específicas de cada país.

Socialización de los Medios de Producción

Definición: Proceso de transferir la propiedad de los medios de producción de manos privadas a manos colectivas o del estado.

Contexto: Fundamental para eliminar la explotación capitalista y garantizar la justicia social.

Solidaridad Internacional

Definición: Apoyo y cooperación entre movimientos revolucionarios de diferentes países. **Contexto**: Promovido por el PRP como esencial para la lucha contra el capitalismo y el imperialismo a nivel global.

Transexualidad

Definición: Identidad de género en la que una persona se identifica con un género diferente al asignado al nacer. **Contexto**: Defendida por el PRP, que promueve la igualdad, el respeto y la inclusión de las personas transexuales en todos los aspectos de la vida social.

www.ingramcontent.com/pod-product-compliance
Lightning Source LLC
Chambersburg PA
CBHW071013250726

48653CB00005B/1602